Bernd Hambüchen

Dat wor et dann ...

Bernd Hambüchen

Dat wor et dann ...

Kölsche Geschichten

marzellen
verlag köln

Bernd Hambüchen – geboren 1940 im Bergischen Land bei Altenberg – studierte Philosophie, Antike Sprachen, Geschichte und Sozialwissenschaften in Köln und München. Promotion. Staatsexamen.

1967-1974 Tätigkeit als Gymnasiallehrer und Universitätsassistent.

1967-2002 nebenberuflich Lehrbeauftragter an der Universität zu Köln und der Fachhochschule Köln. Von 1974 an arbeitete er hauptberuflich als Erwachsenenbildner und ging 2005 als Direktor der Volkshochschule Köln in den Ruhestand. Seitdem schreibt er Erzählungen und Gedichte in Hochdeutsch und kölscher Mundart.

Bernd Hambüchen lebt in Overath bei Köln. Seit 2010 ist er Dozent an der Akademie för uns kölsche Sproch.

Bibliografische Information der Deutschen Nationalbibliothek
Die Deutsche Nationalbibliothek verzeichnet diese Publikation
in der Deutschen Nationalbibliografie;
detaillierte bibliografische Daten sind im Internet
über http://dnb.ddb.de abrufbar.

© 2018 Marzellen Verlag GmbH, Köln
Umschlaggestaltung: Mira Lob, Köln
Satz/Layout: Marzellen Verlag GmbH, Heike Reinarz, Köln
Lektorat: Detlef Reich, Köln
Druck: Theiss Druck GmbH, Österreich
Alle Rechte vorbehalten.
Printed in Austria.
ISBN 978-3-937795-49-2

www.marzellen-verlag.de

Inhalt

7 Vorwort

8 Et gitt nix, wat et nit gitt

11 Bahnabenteuer

17 Lieblingsgediers

20 Aädäppelkreeg in O.

24 Ihgewedder

27 En Klatschrus

31 E Leckerche

34 Mariage am Aa ...

38 Vun nem Winterpläsierche

42 En Helligovend-Delikatess

46 Nem Pennbroder sing schönste Chressnaach

49 Chressdagsprädig

51 Vun Pappenheimer un Pappnase

55 Dat Meedshuus

59 Neu Glocke för der Hellige Laurentius

65 Mood beim Zinter Tünn, I bes IV

82 En fromm Eselei

86 Em Huppet Huhhot singem Rich

91 Der Platzgabbeck oder wie uns die Rodshääre veräppele

93 Dat dubbelte Eckschääfche

97 Uns Beldungswunderland

99 Aachunzwanzigster Oktober

102 Dat Wööschche

106 Feuerwehrauto

109 Ävver et geiht nix üvver e schön Esszemmer

113 Dat wor et dann

118 Selde Wööd müngchesmoß parat gemaht

Vorwort

„Et gitt nix, wat et nit gitt", sagen die Kölner. Das könnte das Fazit eines Philosophen sein, der über menschliches Tun und Handeln lange nachgedacht hat. In Köln entspringt der Satz der Lebenserfahrung und enthält zugleich eine Aufforderung. Die lautet: Wundere dich nicht über die Menschen; denn „jede Jeck es anders". Und weil man auch sich selbst als einen solchen sieht, folgt als Konsequenz: „Jeck loss Jeck elans!" Sei tolerant!

„Et gitt nix, wat et nit gitt." Diesem Credo folgen die Geschichten und Erzählungen von Bernd Hambüchen. Heiter und besinnlich, melancholisch und ernst, manchmal satirisch-bissig, manchmal augenzwinkernd, aber immer ohne erhobenen Zeigefinger lässt er seine Leser in einen bunten Bilderreigen mit Szenen aus dem rheinischen Alltag eintauchen. Dargestellt in einer lebensprallen, bilderreichen kölschen Sprache.

Wirklich, „et gitt nix, wat et nit gitt". Es wird so gut wie nichts ausgespart. Liebeskummer und Alterswehwehchen, Ehegewitter und Heiligabenddelikatessen, Karneval und Erbschaftsangelegenheiten. Man erfährt etwas über Lieblingstiere und Tierfreunde, Dritte Zähne, Pennbrüder und Pappnasen. Sogar Mord und Totschlag und der Untergang des Stadtarchivs werden thematisiert. Und am Ende des Buchs heißt es – wie sollte es anders sein: „Dat wor et dann ..."

Et gitt nix, wat et nit gitt

Wa'mer gefrog weed, wo widder jet furchbar scheiv gelaufe es oder ne große Dress produzeet weed, kütt einem glich en ech deutsch Qualitätsproduk en der Senn, de Bundesbahn. Wat es dat för ene Chaoslade! Marode Bröcke un verschlesse Schinne. Rosszerfresse Leitungspöhl un fassgefrore Weiche. Waggons, die wäge kapodde Rädder en et Kissbedd höppe. Dürre, die nit opgonn un, wann se op sin, nit zo. Klima-Aanlage, die em Sommer heize un em Winter Ies produzeere. Neu Wage, die ald noh der eetste Faht schrottrief sin. Lokföhrer, die – vun nem größewahnsinnige Personalrod aangedrevve – alle naslang streike. Wann de Zög üvverhaup kumme, sin se mihts unpünklich. Dat einzige, wat bei der Bahn pünklich kütt, es ene hühtere Fahrpries. Dä klemmp zoverlässig jedes Johr en de Hühde. Jo, bei der Bahn gitt et nix, wat et nit gitt. Nor positive Üvverraschunge ka'mer met der Lup söke.

Dis Dag kunnt mer et en der Zeidung lese. Ne Fahrgass ungerwägs en ner S-Bahn vun Kölle noh de Bergische Berg. Wie dat no su vörkütt, wann ne Kääl e paar Kölsch intus hät, sing Blos dät in op eimol ärg tribbeleere. Je länger de Fahrt duurte, je mih. An un vör sich kei Problem, wann, jo, wann e nit en der Bahn gesesse hätt. An för sich och do kei Problem, wann nit ne Zeddel an der Klodür gehange hätt: „Wegen Reparatur geschlossen. Wir bitten um Verständnis. Ihre Bundesbahn".

En su ner Situation hät mer üvverhaup kein Verständnis för nix un nümmes . Ävver wat sollt hä dun? De nöchste Haltestell – en wigger Fähnde – kein Option. Der Nudgreff trecke un su de Bahn stoppe? För sing Nud wor dä Nudgreff nit do. Un dat Kreppche wör vermodlich och ze düür woode. En de Botz maache? Ze wigg vun zo Hus un zwei Stund e naaßkaal Fott zo unaangenähm. Zodäm, wie hätt dat usgesinn?!

Ävver die Blos leet im kein Rau. Penetrant un ohne Pardon maht se ehr Aanspröch klor. Wie se in no dozo braht, laut ze kääche, ze kühme un sich op singem Plaatz ze krömme, erkundigte sich dä Kääl, dä im gägenüvver soß, bei im, wat loss wör. Hä dät im jo gään helfe. Hä wör ne usgebildte Sanitäter un ußerdäm bei der Bahn beschäftig. Hä hätt grad bei nem Lihrgang singe Bahnobersekretär gemaht. Wat och immer dat bedügg. „Dann schleeßt mer öm Goddeswelle der WC op!", quetschte dä Blosgeplogte zwesche zogetrocke Leppe erus. „Ich kann et baal nit mih ushalde." „Jo, wann ich ene Schlössel hätt, dät ich dat och gään. Dat Hüüsche es ald zick e paar Woche zo. Ich han gehoot, se hätte en e paar Zög hee op der Streck de Klopött usgebaut. Ävver, loot doch ens do! En der eetste Klass setz keine. Do hängk tirek unger däm Finster ne Avfallbehälder. Maht üür Geschäff doch en dä! Wann ehr kein Elefanteblos hat, es dä secher groß genog un läuf nit üvver. Alsu en saubere Aangelägeheit!"

Dä Bahnkääl wor noch am Kalle, do hatt dä Bahnkund ald blank getrocke un braht de Kamellepapierche, Kaugummis un Äppelkitsche et Schwemme bei. Zofällig wor et no esu, dat dat Eetste-Klass-Avdeil tirek hinger der Fahrerkabin log. Der Fahrer hatt der Vörhang opgetrocke. Vermodlich wor et im ze langwielig, bei singem verantwortungsvolle Dun luuter noh vürre ze loore. De Fahrgäss em Speegel zo beobachte wor jo och vill interessanter. Dä Urinant sinn un lossbrölle wor eins. Dä schöddelte enzwesche der letzte Droppe av, packte singe Schnibbel en un trok der Rießverschloss vun singer Botz widder huh.

Dat Kreppche hätt hee e god Engk finge künne. Ävver nit all künne sich am Engk üvver sujet kapodd laache. En nem Qualitätsbetrieb wie der Bahn geiht dat natörlich nit. Als dä erlöste Wildpinkler nämlich däm Fahrer saht, hä sollt die Bölkerei loße, hä hätt nor der Rod vun nem Bahnobersekretär befolg, dä hinge en de zweite Klass söß, ging dat Spill eets richtig loss. Der Fahrer petzte der Vörfall singem Baas. Drop woodt der freschgebacke Bahnobersekretär dozo verdonnert, e paar hundert Euro Strof zo bezahle, weil hä die Vörschreff, jede Sauerei en de Wage ze ungerbinge, nit beaach, em Gägedeil sugar einem gerode hätt, ne Avfallbehälder als Urinal ze nötze. Un dat och noch en der eetste Klass! Zodäm woodt hä noh üvver dressig Deensjohr befördert. Un zwor en et sugenannte Depot, wo sich schingks all die Bahnbedeenstete widderfinge, die gäge Bahnrägele verstosse han. Bei der Bahn gitt et jo nix, wat et nit gitt.

Dä fresch gebacke Herr Obersekretär wor ävver nit op der Kopp gefalle. Hee maht sich sing Fortbildung et eetste Mol bezahlt. Hä klagte beim Verwaltungsgereech gäge singe Deenshäär un gereedt unerwaadt an ne Reechter met Augemoß un nem Hätz om richtige Fleck. Dä gov im rääch. Et wör en Usnahmesituation gewäs, die dä Kläger elegant gemeistert hätt. Ußerdäm göv et bei der Bahn kein Richlinnich för urinale Fäll. Un wo et kein Richlinnich göv, künnt mer och nit gäge se verstüsse. Quod erat demonstrandum, wie de aale Römer sahte.

Ov sich em Nohgang ne Bahnfutzi, statt för Toilette en alle Waggons ze sorge, hingesatz un an ner Pissrägel geknuuv hät, met dä verbodde weed, en nem Avfallbehälder si Wasser avzeschlage, weiß mer allerdings nit. Wundere mööt mer sich nit. Denn bei däm Qualitätslade gitt et, wie gesaht, nämlich nix, wat et nit gitt.

Bahnabenteuer

Et gitt erer jo Lück, die schärp drop sin, em Urlaub us ehrem drüge, sechere Alldag uszebreche, en die fääne Welt ze jöcke un op en Abenteuerreis ze gonn. Su maachen se en Treckingtour durch de Wüste Gobi ov kruffen em brasilianische Urwald eröm, rudere mem Böötche allein üvver der Atlantik oder laufe am Süd- ov Nordpol Schlittschoh. Su wigg bruchs de der Dom ävver gar nit hinger der ze loße, för jet Delikates zo erlevve. Et reck ald, e klein Stöck met der Ieserbahn ze fahre. Do kanns de och et Üvverlevve traineere un triffs mänchmol sugar komische Zeitgenosse.

Dis Johr em Heuert wor och der Manes met singem Lis ungerwägs. Op ehre Rädder. Ovschüns et Alder – se gonn stramm op de Sibbenzig aan – ald ärg an ehre Knoche am Knage es, trampele se jedes Johr eimol för e paar Däg der Rhing eets e Stöck erop un dann widder erav. Usgangspunk: de schönste Stadt am Rhing, Ziel: de zweitwichtigste Fastelovendshochburg.

Op der Fahrt der Rhing erop wor alles god gelaufe. Der Planet wärmte Ääd un Minsche, se wore god drop un hatte jeden Ovend ohne vill Möh en schön Schlofstell gefunge.

Op der Röckfahrt vun Mainz wore se no widder en Kovvelenz gelandt. Beim Enchecke em Hotel heeß et op eimol, am nöchste Morge mööt en große Fliegerbomb usem Weltkreeg entschärf weede. De ganze Aldstadt wör av nüng Ohr gesperrt. För vier Stunde köm kein Muus erus un erin. Weil se nit esu lang em Hotelbunker waade wollte un och e bessche Schess hatte, wore se ald öm sibbe am Fröhstöcke un hatte öm aach Kovvelenz lang hinger sich geloße.

Su wigg, su god. Se kome flöck vöraan. De Rädder leefe wie geschmeet. Nix drövte de Stimmung, bes … jo, bes et ze rähne aanfing. Eets ganz dönn un fing, dann luuter deftiger. Kei Aug hatte se mih för de aadige

Rhinglandschaff, weil se domet beschäftig wore, sich et Wasser vum Liev ze halde, un luuter der Brell beschlog. Wie Remage en Sich kom, hatte se de Nas gestreche voll vum Raddfahre un beschlosse, der Ress vum Heimwäg met der Bahn ze fahre. An un för sich ne vernünfige Beschluss. Alles fing och god aan. Ovschüns Sonndagmeddag, brohte se de Fahrkaate nit us däm Rödselautomate ze trecke, met däm de Bahn ehr Kunde malträteet; dann der Kaateschalter hatt op.

Ävver dann ging et loss. Op de Bahnsteige wor jet gebacke, Minsche üvver Minsche, wall wäge däm Rähn hee gestrandt un ald zick Stunde am Waade, weil die Bomb en Kovvelenz der ganze Zogverkehr rhingop un -av durcheneingebraht hatt. Üverall Rädder un Koffere, Rucksäck un Kinderwage, Drinkfläsche un Essensavfäll. Et soch us, wie wann ene gewaltige Flüchlingstreck ungerwägs wör.

Su wigg, su god. Op eimol heeß et, ne Zog noh Kölle wör ungerwägs, et dät nor noch ein Stund duure. Koot drop, hä wör en ner halver Stund do. Hä köm ävver nit, wie aangekündig, op Bahnsteig zwei, sondern op Bahnsteig eins aan. Ne Opschrei, su laut wie em Stadion, wann der FC e Tor schüüß. Nor hee us luuter Wod. De Minsche wore usem Hüüsche. Dä ganze Kürmel wälzte sich ein Trapp erav un dann widder ein Trapp erop. Et gov zwor ene Aufzog. Dä wor ävver an einem Stöck met zig Kinderwage, Rollstöhl un Rollatore met un ohne Pilote belaht.

Grad wie et Lis un der Manes met Rädder, schwerer Bagage, Küüme un Kääche om Bahnsteig eins stundte, kom durch der Lautsprecher die Aansag, der Zog leef en, ävver op Bahnsteig drei. „Ätschkiss" saht der Lautsprecher nit, ävver et klung su. Widder dä Wodschrei. Widder drihte dä ganze Minschelindwurm met Kind un Kägel öm un hastete ein Trapp erav un ein erop.

Su wigg, su god. Dismol wollt et Lis dä Aufzog nemme, weil et noch vum letzte Trappetrampel am Gappe wor. Tatsächlich stundt dä Regionalzog ald do, wie der Manes üvver die Trapp om Bahnsteig drei aangehechelt kom. Ganz vürre an der Zogspetz erkämpfte hä ene Platz för Rad, Bagage un sich selver. No wor et för in an der Zigg, sich nohm Lis ömzeloore. Wo blevv et nor? Vörsichshalver stallt hä sich en de Waggondür, för de Avfahrt zo verhindere. Ävver ovschüns e sich de Auge usem Kopp loote, kunnt e et nirgendwo entdecke.

Op eimol bökte in vun vürre der Zogföhrer aan: „Wat fällt der en, dä Zog zo blockeere. Maach gefälligs de Dür frei, söns kummen ich der ens eröm. Ich muss avfahre. Schleeßlich deit de Bahn op Pünklichkeit aachte." Drop bröllte der Manes wödig zoröck: „Pünklich, do Poppekopp?! Dat ich nit laache! Do Blötschkopp, do!. Ich blieve su lang en der Dür stonn, bes alle Lück dren sin. Ehr sid jo Chaos huh drei un dä ganze Durchenein un Dress schold."

Dann quetschte hä sich ävver doch en der Waggon, als der Zogkommandant aangefloge kom un versökte, in usem Zog ze trecke. Hä trüstete sich domet, dat et Lis secher hingen em Zog ene Platz gefunge hatt. Doch ein Problem gov et: Hä hatt och däm singe Fahrsching.

Em Zog kunnt mer die Luff schnigge. Em Rubbedidupp beschloge alle Finstere su, dat et drenne zappeduster woodt un drusse nix mih zo erkenne wor. De mieste Lück wore vun der Nääßde am Siefe un am Schweißde dozo, weil de Heizung op Hochtoure leef. Heizen em Sommer, dat es et! De Bahn sorg evvens för ehr Gäss. Un su verbreidte sich em Waggon ne göddliche Möff.

„Schingks möffe nit nor naaße Hüng", daach der Manes un heeldt sich mem Sackdoch de Nas zo. Doch dann – mer muss jo et Bess us ner Saach maache – trüstete hä sich widder: „Hee kanns de winnigstens der Löffel avgevve, ohne ömzefalle. Wo ka'mer su jet söns erlevve?"

Dat heeldt en aal, schrumpelige Möhn nit dovun av, im bei nem jihe Bremsmanöver op de Figur ze falle. Se hatt in ald de ganze Zigg met runde Äugelcher gemustert. Domet wor dat Ies gebroche. Der Körperkontak gov ehr, wie et schung, der Mod, dä Verzäll aanzefange, dä se ald lang em Senn hatt.

„Wat för e Wedder widder wat! Nix för en Radtour, nit! Üvvrigens, ich kummen us Bröhl un heiße Ann un dat hee es mi Räddche."

„Jo", grummelte der Manes.

„Wo kutt ehr dann her? Villleich us Kölle? En schön Stadt. Do ben ich immer an Wieverfastelovend. Zick minge Düres dud es, maachen ich sonndags die Raddtüürche allein.

Mer muss sich jo bewäge, för dat mer de Figur häld." Dobei strech se sich üvver ehre decke Buch.

„Jo", brommte der Manes, dä nit grovv sin un dat sage wollt, wat im op der Zung log.

„Üvvrigens, en Bröhl hollt mich ming Fründin av, dat Claudia. Ich han do e eige Huus. Ich stonn op eige Föß. Verstoht ehr? Ich s t o n n   o p   e i g e   F ö ö ß! Wat saht ehr? Wat es met üch? Wat sid ehr eigentlich vun Berof? Beamter villleich? Ehr seht esu us."

„Nä", mummelte der Manes.

„Ußerdäm kann ich god backe un koche. Minge leeve Dude hät dat ärg ästimeet. Och, dat ich esu leev un fründlich ben, wo doch de mieste Fraulück Hoor op der Zäng han. Üvvrigens! Ehr sid allein op Tour, wie ich sinn. L ä v t   e h r   o c h   a l l e i n?"

Drop broht der Manes nit mih ze antwoode. Goddseidank quetschte sich en disem Augebleck nämlich ne Kääl durch dat Minschegewöhl. Dat wor en Herkulesarbeid un, ovschüns e der Broder vun ner Spargelstang sin kunnt, braht hä die Oodenung em ganze Waggon durcheneen.

Hä leet sing Blecke schweife, wie wann e jet söke dät. Unwellig, weil e ehre Kall en nem wichtige Augebleck ungerbroche hatt, froht die mobbelige Aal us Bröhl, die kein Hoor op de Zäng hatt, in: „Saht, secher hatt ehr ne gode Grund, üch hee durchzequetsche un alles durcheneen tirvele ze loße. Oder? Wollt ehr ussteige un sökt de Dür? Do es ein! Versökt et doch do ens! Oder sökt ehr jet anderes?"

„Jo", saht dä Kääl, „ich söke ming zwei Koffere. Evvens hatt ich se noch. Ich weiß nit, wo se hergekumme sin."

„Wie ka'mer dann sing Koffere verliere! Se künne doch nit fleege", reef dat Bröhler Madämche. „Ehr hat secher geschlofe un eine hät se üch unger der Fott fottgetrocke!"

„Nä, dat nit. Ich ben evvens ens bei nem Hald usgesteege, för en Zarett ze rauche. Weil ich ävver nit opgepass han, wör mer der Zog beinoh vör der Nas dovun gefahre. Nor met Möh kunnt ich noch en de letzte Dür springe. Zickdäm söke ich ming Koffere. Hat ehr se nit zofällig gesinn? Se sin beids schwatz un han unge Rädder. Dat wör jet, wann ich die hee em Regionalzog verliere dät, wo ich doch en der ganze Welt op Redd wor un nix passeet es."

Drop der Manes drög: „Wat heiß hee Regionalzog! Och en der Provinz kann alles Mügeliche passeere. Ich för e Beispill han grad hee en Remage am Zog ming Frau verlore."

Dä Spargel loote in koot vun der Sigg aan un meinte: „Ich well üch jo nit ze noh tredde. Der Ungerscheed zwesche üch un mir es villleich, dat ich ming Koffere nit verliere w e l l ..."

An die Freesigkeit en däm Sproch kunnt mer föhle. Ävver der Manes blevv räuhig un saht höflich: „Ich well üch jo och nit ze noh tredde. Ävver sid ehr secher, dat ehr üvverhaup Koffere bei üch gehatt hat?"

Su wigg, su god. Die Ungerbrechung hatt jedefalls doför gesorg, dat dat Frauminsch met däm eige Huus en Bröhl sing Interesse am Manes ver-lore hatt, wo dä doch verhierodt wor. Ohne in noch wigger zo beaachte, drihte et im der Rögge zo un steeg schleeßlich en Bröhl us. Un dat Altargeschenk vum Manes? Et hatt der Zog, en däm der Manes wor, wirklich nit mih kräht, doför ävver koot donoh ne IC opgedon, dä et

samp Fahrrad un noch jet flöcker noh Kölle expedeet hatt. Ohne Fahr-
kaat, versteiht sich. Der Manes trof et, wie et op de S-Bahn noh Hus am
Waade wor.

Un wat sage de Kölsche en su ner Situation? Die Pessimiste: „Wat fott
es, es fott", un de Optimiste: „Et hät noch immer god gegange." Et gitt
erer ävver och Kääls, die drihe dat öm.

Lieblingsgediers

Et gitt erer drei Zoote vun Diere, bei denne Minsche vör Angs en de Botz maache ov sich ärg äkele ov beids. Dat sin Spenne, Schlange un Müüs. Mänche Lück bruche nor an dat Kroppzeug ze denke, do läuf inne ald en kaal Schuur der Röggen erav, ehr Hoor stündte, wann se kei Pläät hätte, pielgrad en de Hühde, un se krige en Gänsehugg met Pocke, su groß wie Waaze.

Et brängk jet, ens eine, dä der Durchbleck hät, ze froge, woröm dat esu es. Alsu för e Beispill der Professor Wikipedia, dä beim Gugel Deens deit. Dä verklatüstert einem, wat Horror pur es. Jeder Minsch schleck, su säht e, en singem Levve su an de zehn Spenne, ohne et ze merke. Et soll sugar Krabbeldiere gevve, die ehr Eier en der minschliche Hugg avläge. Un domet noch nit genog. Neulich schrevv dat Bladd för intellektuelle Üvverfleeger, alsu de Beldzeidung, dat en Spenn esugar sibbe Däg em Uhr vun nem chinesische Mädche gehuus hätt, ih dat se usgetrocke wör un sich e ander Uhr gesök hätt. Ne Meetnomad suzesage.

Gewess, wie aadig sinn Spennenetze em Hervs us, wann Taudroppe op inne wie Diamante funkele! Gewess, ehr Fäddem wöre, technisch gesinn, Wunderwerke, su der Wikipedia. Gewess, mer künnt de mieste Spenne och esse un god vun inne levve. Ävver wä well ov kann dat ald. Su schwatz, su hoorig, su fremb, wie se ussinn. Met ehre aach lang Schoche krabbele se üvverall her. Mihts en en ander Richtung als wies mer denk. Mer föhlt sich vun sechs ov mih Auge luuter kontrolleet. Nä, Spenne, igitt! Se han gar nix vun Kuscheldeere an sich. Leever ne Löw, dä einem et Levve usem Balg bieß, aanpacke wie en Spenn, die mer esse kann, tätschele. Su geiht uns dat och met Schlange, ovschüns die winnigste Minsche ald ein en der freie Nator drusse gesinn han. Mer künne se ald nit ligge, zickdäm en Schlang dem Eva em Gaade Eden ne Appel aangedeent und dä Blötschkopp vun Adam in gegesse hät. Domet fing dat Dresslevve hee op der Ääd aan. Dozo kumme Horrormeldunge vun der Beldzeidung. Wie för e Beispill: Kloschlang bess sich an nem Lömmel vun nem Kääl fass, wie hä grad om Klo soß un en Stang Wasser am Avschlage wor. Mer muss sich dat ens vörstelle, en Natter am eige Engemahte, wat Kääls wie et Allerhelligste höde un wat och dä Fraulück nit ganz egal es. Gottseidank wor se nit geftig. Ävver dä Schreck hätt in, su dat Kiesbladd, impotent gemaht. Wat mer gläuve kann oder och nit. Dat hatt hä no dovun, sich us freie Stöcke zo nem Setzpinkler entweckelt han ze müsse. Beim Stonn hätt hä jo dat Dier, wat sich durch de Kanalisation gearbeidt hatt, endlich sing Rau han un nit bepiss weede wollt, rächziggig gesinn.

Datselve Spill met Müüs un Ratte. Gewess, der WDR hät die Muus met ehre Laach- un Saachverzällcher populär gemaht. Gewess, se sinn schnuckelig us met ehre schwatze Knöppchesauge un däm söße, kleine Schnäuzer. Gewess, em Film „Ratatouille" koch de Wanderratt „Remy" su god, dat mer se am leevste en et eige Huus holle un an der Hääd stelle dät. Ävver dann es do dä nackelige Stätz, dä wie en Schlang ussüht. Se knabbere alles aan un op, köttele un pisse, wo et inne grad pass, un üvverdrage Krankheite, weil se em Müll un Avfall, noh däm se och ruche, zo Hus sin. Em Meddelalder sin Millione vun Minsche durch se ömgekumme. Ich sage nor Pess.

Besonders de Fraulück han et nit met inne. Met ener Muus kanns de och dat courageeteste, vernünftigste un äldste Frauminsch dozo bränge, us dem Stand ne Meterzwanzig huh op ne Desch ze springe un ze schreie, wie wann mer et avsteche dät. Rollatorpilotinne nit usgenomme. Et soll Fraue gevve, die sich nit an der Computer traue, weil se do met ner Muus ze dun han. Sugar Elefante, su verzällt mer sich, hätte Angs vör Müüs, wall weil die inne eventuell beim Schlofe en der Rüssel kruffe däte. Wat mer verstonn kann. Wä hät ald gään e Dier en der Nas? No es et esu, dat mer eintlich winnig vun Müüs un Ratte süht, weil dat die mihts en Deckung blieve. Ävver dann kumme Hervs un Winter met Rähn, Fross un Schnei. Müüs & Co sin wie Minsche. Die han et och gään wärm un gemödlich. Su kütt et, dat se versöke, die Hüüser ze entere, zemol et do och vill ze verkasematuckele gitt.

Em letzte Johr sin de Schmitzens deswäge ärg en Brass gerode. Wie et sich för Lück vum kölsche Adel gehürt, wonne se om Land en nem Einfamilliehuus. Nem Fachwerkschobbe, dä inne ehr Tant Kättche vermaht hät. Der Schmitze Tünn hatt sich vill Möh gegovve, et ze renoveere un ze restaureere. Ävver et hatt sich gelohnt, dat Huus wor e Schmuckstöck woode.

Wie et Unglöck et wollt, es ne Trupp Feldmüüs em November engetrocke. Ne wochelange Rähn hatt inne ehr Baute em Gaade unger Wasser gesatz. Se moote Asyl söke un wore bei de Schmitzens gelandt. Ovends kunnt mer se jetz hüre, wann se en der Balkendeck Renne veranstalte däte ov Sexorgie fierte. No wör dat noch nit et Schlemmste gewäs. Se han sich ävver durch Versorgungsschächte bes en der Keller gegrave und sin zielsecher em Vörrodsraum gelandt. Do finge se aan ze knibbele un knabbele, knuspere un knage. Ääpel un Äppel, Nöss un drüg Obs, Mähl un Puddings, Zucker un Zimp, Kaffee un Tee, Kamelle un Kulitsch, Blöscher un Blöscher. Kootöm, alles, wat us Papeer un Plastik, ov no weich ov hadd, wor, woodt aangenag un opgebesse. Nor an ein Saach mahte se sich nit dran. Dat wore de düüre Bionudele vum exquisite Biolade. Sugar de Tüte blevve ganz.

Wie dat dä Schmitz ehre kleine Knagges spetz kräht, saht hä vörwurfsvoll för sing Mamm: „Mama, do sähs doch luuter, dat Bio su gesund wör. Süch, wat de Müüs, die e fein Näsche han, vun Bio halde! Sugar Müüs fresse keine Biokrom. Ävver ich muss luuter dat Zeug en mich erin däue, ovschüns ich et nit mag.“

Su wigg, su god. De Schmitzens han Muusfalle opgestallt un se met Sößkrom, vör allem met verschiede Zoote vun Schokelad bestöck. Weil Müüs jo Schnüppermüülcher sin, han die Schmitzens die Bagage och komplett gefange. Se kome op fünfunzwanzig Stöck, brohte ävver och fünfunzwanzig Falle, för jede Muus ein separat, weil keine vun inne die pladdgeschlage Diere us dä Falle eruspusele wollt. Dä Muuskreeg em Schmitzehuus braht och för dä kleine Schmitze-Futzemann jet Godes met sich. Hä broht nie widder Bionudele ze esse. Die Müüs han sing Mamm üvverzeug. Se wore also doch för jet god.

Äädäppelkreeg en O.

Mänchmol hürs de e Wood, wat de noch nit kenns, wat der ävver direktemang gefällt. Un ih de dich versühs, hät et sich fuppdich su en dingem Geheenskaste fassgesatz, dat do et nit mih loss wees. Dä Begreff „Schruuvelager", dä e Huus met luuter Fraulück meint, es su jet. Oder „Mömmeskäuer", der Name för ne Kniesbüggel. För mänch ein vun dä Wööder han Minsche de Vörlag gegovve ov Modell gestande. Miestens sin dat Kääls.

För e Beispill dat Tätigkeitswood „wulffe" met dubbeltem „f", wat en Kölle en kooter Zigg beinoh dat Wood „klüngele" ersatz hät un sich och ald em Englische met „to wulff" (weed wie „walff" usgesproche) durchgesatz hät. Der Vatter dovun es – wä weiß et nit – unse verflosse Bundespräsident, die Träntelbotz un Schlofpell met dä staatse Frau. E ander Beispill es dä Politiker, dä en ganze Stund oder, wa'mer in geloße hätt, stundelang, ohne Manuskrip su huhgestoche un druckrief schwaade kunnt, dat mer am Engk ihrfürchtig „Wow" saht. Un noh ner Wiel: „Ävver wat hät hä eintlich gesaht?" Jo, dä Barzel wor ne Meister em noh im benannte Barzele, dat heiß em „Op-huhem-Niveau-nix-Sage".

Dat Wood, wat ävver koot nohm große Kreeg en Kölle entstande es un vun do us singe Wäg zo de Lück – nit nor en Kölle – gefunge hät, heeß „fringse". Am Silsterovend nüngsehnhundertsechsunveezig, wie de Lück en däm betterkalde Winter fies am Kröckstock ginge, hät der kölsche Kardinal Frings nämlich en singer Prädig gesaht, jeder dürft sich en su ner schwere Zigg dat zom Levve nemme, wat hä bruche dät. Zickdäm ging mer nit mih Klütte kläue ov Äädäppel stelle, sondern eifach fringse. Ävver dä Kardinal dät noch – su oder esu ähnlich – ene Satz dobei: „Wann et dann gar nit anders ging."

Jo, wann et gar nit mih anders ging. Dat bedügg, et gov och noch e paar Vörstüfcher, die mer nemme moot, ih dat et an et Fringse ging. Zoeesch kom et Hamstere. Dat heiß su vill wie Tuusche ov Maggele. Wöbche, Kaffeepött un Sammeltasse gäge Eier, Botter, e paar Grömele Kies, de Groß ehr Päälehalskett gäge ne Sack Äädäppel, dem Famillievatter singe Sonndagsaanzog gäge Greev un Speck, ne Perser gäge fünf Pund suure Kappes. Dat wor dann dä dreiunzwanzigste Teppich oder esu. Der Boor moot in em Kohstall usläge, weil em Huus der Boddem ald üvverall dubbelt ov dreifach met Teppiche belaht wor un de Dürre nit mih zoginge. Hatt mer nix för zo tuusche, wor Beddele aangesaht. Braht dat och nix en, bodde de Hungerligger ehr Arbeidskraff aan. Eets, wa'mer der Schless en singer Famillich och domet nit en der Greff kräht, kunnt mer fringse gonn. Su der Ääzbischoff.

Eintlich. Ävver allzo gään üvversoch mer de Vörstüfcher un nohm beim sugenannte Mungkraub och ald ens jet mih met. De Kölsche nemme et jo nie esu genau. God! Do ka'mer villleich noch drüvver fottsinn, weil mer domet widder jet ze maggele hatt. Ov ävver dä Ääzbischoff dat organiseete Plündere en singer Prädig gemeint hatt, darf bezwiefelt weede.

Met singem „Fringse" hatt hä jedefalls en Schleus opgemaht. Aanfangs, koot nohm Kreeg traute sich nor winnige us der Stadt zo, bei de Boore om Land hamstere ov kötte ze gonn. Wa'mer allein – zo Foß ov mem Rad – ungerwägs wor, kunnt mer leich üvverfalle weede. De Zigge wore noch luuter geföhrlich un vill Gesocks ungerwägs. Wie ävver Bahne un Zög widder ehr Schinne funge, mahte de Stadtlück de Dörfer em Vörgebirg un en de Bergische Berg unsecher. Besonders ze ligge hatte die Boore, der ehr Land tirek nevven nem Bahnhoff log.

Su wor dat och en O. Zick nem halve Johr fohr de Aggerdalbahn widder un verbung dat verschlofe Bergische Kaff met Kölle. Zickdäm woodt der Schwamborns Chress, der deckste Boor em Aggerdal, nit mih fruh. Dag un Naach log hä met singe Lück druße un heeldt Waach. Sing Äädäppel stundte zwor op der andere Sigg vun däm Floß, un kei Bröck foht erüvver. Dat wor ävver keine Schotz. Wä leet sich ald vun nem bessche Wasser ophalde, wann in der Schless drevv. Sulang wie die Lück nor dröppchenswies kome un hä met singe Knäächte un Mäde en der Üvverzahl wor, dät die Waach un ehr Brölle genöge, dat Stadtvolk zo verdrieve. Do holf et dä Stadtlück och nit, dat se sahte, se hätte de Konzession vum Kardinal us Kölle hüchspersönlich, dä Fettsäck vun Boore ehre Speck, dä se nit nüdig hätte, fottzenemme. Se sollte, reef der Chress hinger inne her, däm Fringse Jupp ne schöne Groß vun ihm bestelle, wann hä jet vun im wollt, sollt hä selver kumme. Hä dät im dann de Bibel – besonders et sibbente un zehnte Gebodd – ens richtig verklöre. Doch an alles gewenne sich de Lück met der Zigg. Su och an dat Bölke. Baal holf et och nit mih, se fottzestüsse un zo verkamesöle. Se finge aan, sich se werre. Et kom schleeßlich zo wöste Kloppereie tösche Stadtmüüs un Landmüüs. Der Chress woodt wödiger un wödiger, wie hä – ner Ohnmaach noh – met aansinn moot, dat se häädewies met der Bahn aanröckte un wie Höpperlinge üvver sing Ääpel herfeele. No woren se en der Üvverzahl, wat in schleeßlich esu rösig maht, dat im suzesage der Schuum vörm Mungk stundt.

Als hä nit mih us noch en woss, greff hä, wodrop tirek nohm Kreeg et Kaschott stundt, noh ner Knabühs. Se stundt hinger singem Kleiderschaaf, zickdäm ne Zaldat se im gäge e Brud üvverloße hatt. Wie hä met dä Bühß bei singe Äädäppel optauchte un die Stadtlück aanviseete, broch Panik us, un fott wore se. Dä unzoteete Avgang wor ald komisch. Ävver noch juxiger aanzesinn wor dat Beld, wat dä Chress avgov, als hä wie e blau gehaue Rumpelstilzche op un av sprung, dobei sing Ääpel platt trot un en Seegesfreud hinger inne herbröllte, se sollte nohm Düüvel oder noch besser nohm Kardinal gonn. Wat för in et Gliche wör. Denn dä Kääl wör ne Kommuniss. Dat sollte se im bestelle.

Hä hätt villleich en Chance gehatt, sich de Fringser ein för alle Mol vum Hals ze schaffe, wann hä ne einzige Schoss hätt avgevve künne. Ne Warnschoss, dä de Lück signaliseet hätt, dat hä et ääns meinte. Ävver wie sollt hä dat ohne Kugele dun? Wie de Stadtlück dat met der Munition spetz krähte, feele se üvver der Chress her, schloge die Bühß op singem Rögge kapodd un frikasseeten in su, dat sing Deenslück in noh Huus drage moote. Hä wor mih dud wie lebendig. Un kniggewieß em Geseech. Ävver mih vör Wod wie vör Nud. Un dä Roches verhoff im och en et Levve zoröck. Die Lappekess heelt in nor e paar Däg fass. Kaum kunnt hä sich e bessche bewäge, do soch mer in nohm Schobbe klabastere. Dadderig un met zosammegebesse Zäng fing hä aan, bei dä Maschine un en däm Booregeschräppels, wat do stundt, erömzekrose. Ohne e Wood. Av un an leet in die Ping an singem verblötschte Balg küüme. Wie hä stöbbig un schwatz em Geseech widder eruskom, trok hä e klein Maschinche hinger sich her. En der andere Hand drog hä ne Korv met Iserzeug, wat noch schwerer ze sin schung. Domet maht hä sich op der Wäg noh singe Aädäppel.

Et wor Sonndag. Grad lüggten de Glocke vun Zint Löör un lode zom Huhamp en. Dat braht die Stadtlück, die op däm Feld ald zick dem fröhe Morge noh Äädäppel grove, ävver nit us der Rau. Dann se hatte jo de Lizenz för et Fringse un e rein Gewesse. Et stürte se och nit, wie der Chress inne met dönner Stemm zoreef, se sollte flöck met däm Kläue ophüre un avhaue, söns dät inne jet paseere, wat se nie em Levve vergesse künnte. Se beaachteten in nit un däte eifach su, als wör hä nit do. Dä Chress baute dat Maschinche bovven am Hang op, daut e Iserstöck vürre en e Rühr, wat wie e Geschötzrühr ussoch, un trok an nem Hevvel, dä wie ne Avzog ussoch. Wie die eetste Mörsergranat explodeete, ress se e deef Loch en der Boddem. Dreck spretzte huh. Un dozwesche Ääpel, Ärm, Bein un Köpp un, wat söns Minsche an un en sich han. Üvverall Blod, Wäul un Krawall. Noch zweimol schoss der Chress un verwandelte sing Ääpelland en ne Kirchhoff. Nüng Minsche blevve dud, üvver zwanzig woodte ärg verletz. Hä hätt wigger geschosse, wann in sing Lück nit vun däm Mörser fottgeresse hätte.

Ov dä Boor Warnschöss hatt avgevve welle un schlääch gezielt oder gezielt geschosse hatt, kräht mer nit erus. Hä selver saht nix dozo, un de Stadtlück hatte nix Genaues gesinn. Dä Reechter meinte jedefalls, dat, för die Lück se warne, eine Schoss en der Bösch genög hätt, sproch vun Avsich un Mood un verbannte der Chress en der Klingelpötz. Hee hatt hä no unendlich vill Zigg, üvver et minschliche Levve em Allgemeine un der Wäät vun Minschelevve und Ääpel, Freiheit un Rachsuch, Nöchstenliebe un Raaf, Sielerau un Rage, Godd un et fünfte Gebodd em Besondere nohzedenke. Hä soch singe Hoff nie widder. Dä Vörfall ging ävver als Äädäppelkreeg en de Annale vun O. en. Wann de Glöck häs un dat Aktestöck es nit beim kölsche Stadtarchiv-Kladderedatsch avgesoffe, kanns de dä Verzäll do nohlese.

Ihgewedder

Dis Dag trof ich der Brinkmanns Manes em Löstige Kallendresser. Dä Manes es do wie ich selver Stammgass. Wä et nit weiß: Die Weetschaff litt deef em Hätz vun Kölle, Numero nüngunachzig. An un för sich drinke ich vörmeddags selde Bier un eets rääch keine Schabau. Ävver weil et su ärg am Rähne wor, daach ich: „Sök der en Asyl! Do bes ald bes an de Kneen naaß. Nit dat de der noch di Allerhelligstes verkälds."

Un wie et der Zofall well, stundt ich grad vörm Löstige Kallendresser. Ich wor noch „Wat för e Glöck" am Denke, do hatte mich ming Fööß ald en die Weetschaff expedeet. An der Thek lagerten ald paar Rähnflüchlinge. Se hatte die grau Stemmung vun drusse met en die Stuvv gebraht; dann et wor ungewöhnlich stell. All brödte se üvver ehrem Kölsch ov Schabau, keine saht jet. Och nit der Herr Kallendresser selver, der Weet. Ming „Tag zesamme!" kommenteete se nor met ner Knöttelei, die mer kaum als fründliche Groß verstonn kunnt.

Dat drövste Geseech maht ävver der Manes. Hä soch och nit vun singem Kölschglas op, wie ich nevven im op der Barhocker klomm. Zo mingem „Tag, Manes, wie geiht et der? Wat gitt et Neues? Wat mäht de Famillich? Läuf et Auto noch?", womet mer en Kölle gewöhnlich ne Kall aanfängk, saht e nix: Dat wor e klein Wünderche. Hä stammte usem Severinsveedel, wonnte ävver en Nüüß un wor – sage mer ens esu – en ärg kommunikateeve, zo jedem Späßche opgelahte rheinische Fruhnator. Un ne Charmeur dozo. Met singem wieße Wuschelkopp un däm treue Hungsbleck kunnt hä beinoh jedes Frauminsch öm der Finger weckele. Dat probeete hä och. Keine aadige Wieverrock – ov jung, ov ald – kom an im vorbei, ohne dat e in aansproch, im e Komplementche maht oder zwei un in op en Tass Kaffee, e Kölsch oder e Glas Sek enlod. För in wor ne deefe Baselemanes, ne Butz op Back un Hängche en Selvsverständlichkeit. De Fraulück leete et sich nit nor gefalle, sondern föhlte sich vun im verhaftig hoffeet un ästimeet.

Hä hatt Diplomingenieur geliert un en Kölle beim Ford an neu Autos geknuuv. Och noh singer Verrentung kunnt e ohne Kölle nit levve. Su jöckte hä winnigstens eimol en der Woch en de Domstadt. Do mööt e, wie e singer Frau, dem Ann, luuter ze sage flägte, Zarette holle. Un die leet in trecke. Woss se doch, dat mer ne richtige Kääl nit fassbinge kann un eets rääch nit der Manes, dä Flüh en der Botz ze han schung. Wat hä en Kölle maht, woss se nit, wollt se eintlich och nit wesse. Dann wa'mer nix weiß, muss mer sich och nit altereere un hät singe Sielefridde. Se heeldt sich an dä Sproch „Wat ich nit weiß, mäht mich nit heiß."

Dat Ann moot, wa'mer däm Verzäll vum Manes gläuve durf, en Siel vun Minsch sin, fründlich un godmödig. En Huus un Gaade rägelte et alles, erledigte der Schreffkrom, dä dem Manes ne Gräuel wor, passte op de Famillieflüh op, verwennte in vun hinge bes vürre un drog im secher och noch der Naachspott hingerher. Singe Standardsproch, wann im jet lästig woodt, wor „Dat mäht et Ann". Secher säht e och, wann et Ann ens vör im sterve sollt un et Begräbnis zo rägele wör: „Do kömmert sich et Ann dröm."

No soß e hee, wie wann e am Avkratze wör. Vörsichtig – mer well jo keinem op der Schlips tredde – röckte ich an in eran un fispelte: „Mich geiht et jo nix aan. Ich well et och nit wesse. Wirklich nit. Ävver ... wat es loss met dir? Bes de malad? Es et Huus avgebrannt? Häs de ding Kaar en ne Schrotthaufe verwandelt? Oder wat? Sag ens!"

Statt ze antwoode küümte hä. Noh ner Puus noch ens. Et log im schingks jet schwer op der Siel. Dann sing krötschige Stemm: „Vill schlemmer!" „Jo, wat kann dann noch schlemmer sin? Es eine gestorve?" „Nä!" „Bes de bankrott gegange?" „Nä!" „Wat dann? No loss der doch nit de Würm us der Nas trecke!"

Widder ene deefe Küüm. Puus. Dann: „Bei uns ze Hus hängk der Huussähn scheif. Et Ann kallt kei Wood mih met mer....hät der Koffer gepack ... es fott ... wohin, weiß ich nit." Widder sackte singe Kopp erav un schwävte deech üvver singem jungfräuliche Kölsch, wat enzwesche schal woode wor. No hatt mich ävver wirklich de Neugier gepack. Der Manes moot jet ärg Verboddenes gedon han. Hä küümte widder, gov sich dann ene Däu un verzallt: „Alsu, dat wor esu ... Wie sollt ich et sage ... alsu ... hm ... Vürrige Woch han ich dem Ann gesaht, ich wollt ens minge Studiefründ Karl en Bonn besöke. Dä wör, wie et wöss, stervenskrank. Krebs. Ich wollt mich vun im veravscheede; dann lang hätt e nit mih. Dat kunnt et god verstonn. Och, dat ich zwei Däg bei im blieve wollt, fung et god."

„Ich hätt", ungerbroch ich in, „nit gedaach, dat do sujet kanns. Dat wor ech nobel vun der. Dat kann alsu nit der Grund doför sin, dat et Ann nix mih vun der wesse well un avgehaue es." „Nä, dat nit", gov der Manes zoröck. „Alsu ... hmm ...Dat wor esu. ...Wie ich noh dä zwei Däg zoröckgekumme ben, wor et irgendwie anders wie söns drop, koot aangebunge, su grad av. Et hät mich gefrog, wie et bei mingem Fründ gewäs wör, wie et im no ging, wat e gesaht hätt. Ich han em verzallt, wie furchbar der Karl ligge dät, wat för Schmätze hä hätt un dat mer beids Trone gekresche hätte. Ävver et wör im jet besser gegange, wie ich in verloße han."

„Un", frogte ich in gespannt. Hä maht en lang Puus un loorte en si Bierglas. Villeich sökte hä om Boddem vum Glas noh singem Ann. Dann hovv e der Kopp un mummelte: „Drop hät et Ann met der Stemm vun nem Scharfreechter op Huhdeutsch zo mer gesproche. Wie ich dä Tonfall hoot, woss ich, dat irgendjet em Bösch wor. Su sprich et nor met mer, wann et ärg wödig op mich es."

„Jo, wat hät et dann gesaht?", ungerbroch ich singe Verzäll ungedoldig. „Et hät gesaht: „Komisch! Was du alles mit deinem Freund Karl erlebt hast! Wo doch gestern seine Todesanzeige per Post gekommen ist und er vor einer Woche schon tot war."

Dat wor et alsu. Et Ann, wat singe Kääl kannt, hatt zwei un zwei zosammegezallt un der richtige Schluß getrocke. Wann ich der Manes dämnächs treffe, weed ich in froge, ov sich dat Ihgewedder enzwesche vertrocke hät un sing Altargeschenk zoröck es. Ich ben nit secher. Ävver, su wie dat Ann gestreck es, steiht et wahrscheinlich widder zo Hus am Hääd un verwennt dä Casanova met singer Lieblingsspeis. Dat dä ävver die Föttchesföhlerei nit sin lööt, do kanns eine drop loße.

En Klatschrus

Eintlich kunnt der Nettekovens Chress, vun Profession Pastur en Zint Walburga, sich üvver sing Levve nit beklage. Hä wor gesund un stundt – wie mer su säht – god em Saff, sing Schöfcher wore met im ärg zofridde un beim big Boss, dem Ääzbischoff, hatt hä ne Stein em Bredd. Ävver en jedem Levve gitt et die ein oder ander schroffe Kant, an dä mer sich stüss. Su och beim Chress. Hä wor jo selver ne fründliche un treuhätzige Vertredder vun der schwatze Zunf, met däm mer god uskom. Dat wor och secher der Grund doför, dat hä sing Huushäldersch, et Angenies, erdrage kunnt.

De Lück frogte sich, woröm hä et nit ald lang huhkantig vör de Dür gesatz hatt. Ävver dat kunnt ov wollt hä nit. Et Angenies wor nämlich en ällere Schwester vun im. Nohdöm et fröh singe Mann verlore hatt, wor et beim Paafebroder, ohne vill ze froge, engetrocke. Un dä hatt ald off bereut, dat zogeloße ze han.

Üüßerlich gesinn kunnt mer jo an däm Frauminsch, enem stramme Föttchen an der Ääd, nix ussetze. Ävver söns ömesu mih. Et wor e Gemölsch us Zang, Feldwebel un Hex. Kei Wunder alsu, dat et em Faarhuus singe geisliche Broder an de Wand spillte un nit nor der Kochlöffel schwung.

Ävver et Schlemmste wor sing Schnüss. Die ging wie en Fott vun ner Ent, die am Flöcke-maach-vöraan ligg, der ganze Dag, vun morgens fröh bes ovends späd, un secher sugar noch beim Schlofe en der Naach. Et kallte sich de Muul fuselig, sudat se mänchmol sugar schüümte. Weil et no su en Schratel, Sabbelschnüss un Dürpeldrägersch wor, nannte de Lück it „Bätsch-Angenies". Hinger singem Rögge, versteiht sich. Denn wann et singe Spetzname spetz gekräht hätt, wör jet gebacke gewäs. Un weil et em Faarhuus an alles, wat gesproche woodt, de Nas kräht, moot der Chress – mer muss sich dat ens vörstelle – die Sprechstund för sing Schööfcher en der Kirch beim Zint Walburga avhalde. Do wor winnigstens – anders wie bei im zo Hus – e Geheimnis god opgehovve.

Immer widder üvverlaht der Chress, wie e singer Schwester dat Kalle un Üvver-de-Lück-Hertrecke avgewenne kunnt. Ävver sing Höhnerkläuche-Strategie hatt besher nix gebraht.

Eines Dags soße die zwei bei nem gemödliche Nommedagskaffee op der Terass vum Faarhuus. Et wor et eetste Mol, dat et Fröhjohrswedder dat zoleet. De Sonn üvverschodt der Gaade met Gold. De Nator soch wie fresch gestreche us.

De Vügel üvvertrofe sich met ehre Leeder un wore iefrig dobei, ehr Nesshökche opzetrecke un an et Fleege ze bränge. Mänch Ness kunnt mer sugar sinn. Och dat vun dä Elstere en dä Birk tirek der Terass gägenüvver. Die schwatz-wieße Langstätze wore dem Angenies ene Doon em Aug. Och jetz deuvelte un bolderte et widder loss un versökte, se met Bölke un gelunge Bewägunge zo verdrieve. Se wöre, saht et, frackig un hätte der Düüvel em Balg. Ußerdäm wöre se Deeve un gingke im met ehrem laute Gekröchs op de Nerve.

„Komisch", daach singe Broder, „wo et inne doch met singem eige Gekröchs un Geschratels der Rang avlaufe künnt."

Op eimol Krawall un Spektakel en däm Elsterness. Dann sochen se, wie en aal Elster wie jeck op ne Jungvugel am Enhacke wor, bes e sich nit mih röhrte, un in dann us dem Ness kratzte. Hä titschte op der Boddem un blevv dann, ohne sich noch ens ze reppe, em Gras lige. Der Pastur hovv dat Jungdier huh un soch, dat et ene Kuckuck wor.

„Wat es dann do passeet?", frogte et Angenies verbasert. „Dat gitt et doch nit, dat Eldere ehr eige Produk kapodd maache. Su ne Drecksvugel, su ne Mörder. Ich han et jo ald luuter gesaht, die Elstere han kei Moral un Aanstand." Dann zo singem Broder: „Sorg doför, dat sich dat Pack endlich us unsem Gaade verpiss." Domet driehte et sich ungehalde eröm un schrömte op et Huus aan. „Waad ene Momang", reef im der geisliche Broder hingerher.

„Do wells wesse, wat passet es? Dat kann ich der verklöre. Dat es nämlich esu. Ne Kuckuck hät e Ei en dat Ness vun de Elstere gelaht un zoglich all die andere Eier us dem Ness geschmesse. Die Elstere han der Kuckuck groß getrocke un gegläuv, et wör ehr eige Fleisch un Blod. Alles wör god gegange, wann dä Klein nit aangefange hätt, sich opzeplustere un op eimol wie verröck ‚Kuckuck, Kuckuck, Kuckuck' ze schreie. Do han se gemerk, wat se opgetrocke hatte."

„Jo, un? Wat wells de mer no domet sage? Dat se e Rääch hätte, dä Klein dud ze pecke? Dat bliev Mood. Un wann do jet anderes sähs, kanns de der et Lihrgeld beim Ääzbischoff widderholle. Dat de dat weiß! Ich ..."

„Nä", saht der Schwatzrock un ungerbroch it ääns, ih dat et sich wigger en Hetz redde kunnt, „hür zo! Dier sin Dier un Minsche sin Minsche. Dier handele noh ehrem Instink. Die künne gar nit anders. Moral kenne un bruche die kein.

Dat einzige, wat Minsche us däm Vörfall liere künne, es: Et es unklog, un metzigge sugar geföhrlich, immer un üvverall de Muul opzerieße un eine op Wasserfall zo enszeneere. Jetz spetz ens ding Uhre, Angenies! Et geiht de Lück gewaldig an de Niere un deent nit dem Fridde, nit bei uns em Huus un nit en der Faar, wann eine de Schnüss nit halde kann. Un wann de dich aangesproche föhls, han ich nix dogäge."

Met offe Mungk glotzte et Angenies singe geisliche Broder aan, dä op eimol wie der Bischoff selver kallte. Dann driehte et sich ohne e Wood om Avsatz eröm, schmess der Kopp en der Nacke un danzte av, wat ald e klein Wunder wor.

Wie lang dat Wunder duurte, weiß ich nit. Ich muss en der nöchste Zigg ens beim Chess aanfroge, wie et met dä Aangelägeheit steiht. Vill

Hoffnung han ich jo nit, dat sich et Angenies ene Maulkorv verpass hät. Villleich geiht dat och bei däm Minsch gar nit. Et künnt sin, dat et dann wie ene Vulkan, däm die rud Zupp bes unger et Daach steiht, platze dät.

E Leckerche

Et wor wirklich e staats Frauminsch, dat Lavanders Lis. Ovschüns et ald op de fuffzig aanging, hatt et sing aadige Mädche-Figur met Rundunge an de richtige Ecke behalde, kaum Falde em Geseech un e Kofferhoor, su glöhndig, dat mer hätt meine künne, e Füür dät op singem Kopp brenne. Irgendjet vun däm Füür moot och en sing Siel gehöpp sin. Dann et hatt der Düüvel em Liev. Alsu wirklich jet Apaates. Un koche kunnt et wie ene Drei-Stääne-Koch! Egal, ov Huusmannskoss oder jet Feines. Egal, ov em Fröhjohr, Sommer, Hervs oder Winter. Immer dät et bei im schmecke. Ävver bei Festivitäte met Gäss dobei üvvertrof et sich gewöhnlich selver. Och singe Kääl, der Düres, ästimeete sing Koss un hatt sich met der Zigg e paar Killos zovill zogelaht. Leider hatt e ald fröh der Löffel avgegovve. Nit ohne singer Frau e Vermöge zo hingerloße.

No wör et för se nit unbedingk nüdig gewäs, widder zo hierode. Se soß wie dem Ostermann sing Schmitze Billa en nem eige Huus un wor god versorg. Ävver levvenslöstig, wie se wor, moot se ne Kääl öm sich eröm han. Su dät et keine verwundere, dat se baal widder verhierodt wor. Nit dat se ehre eetste Mann vergesse hätt. Em Gägedeil! Rägelmäßig besökte se si Grav om Kirchhoff un laht bei fessliche Gelägeheite luuter e Gedeck mih op der Desch. Su wie wann e noch do wör.

Ehre zweite Mann, der Fränz, wor genau su ne nette Kääl wie der eeschte. Och hä hatt en Faible för e god Esse. Weil och bei im de Liebe, wie mer su schön säht, durch der Mage ging, kunnt mer in, wa'mer Kopp un Föß nit soch, gladd met ener Schwangere – loss mich nit lege – em sibbente Mond verwähßele. Ävver dat stüürte se nit. Soch se doch an singem Buch der Bewies, wie god hä sich bei ehr opgehovve föhlte un wie gään hä bei ehr wor. Öm su größer wor ehre Schmätz, wie hä jih bei nem Fessesse dud ömfeel. Weil e keine Fesch mooch, hatt se för in allein jet us Pilze gezaubert. Doch die wore wall nit mih ganz assrein gewäs. Su bess hä en et Gras, alldiewiel alle ander Gäss mem Schrecke dovunkome.

31

Mer kunnt et Lis em eeschte Aangang kaum trüste, ovschüns et noh singem Dud en huh Summ us der Levvensversicherung kasseete un vun singer Rent drei große Famillie god hätte levve künne.

Vergesse kunnt et och singe zweite Kääl nit. Su loge en der Folgezigg bei alle Festivitäte zwei Gedecke för sing leeve Dude met om Desch. Met der Zigg drog et der Verluss met großer Fassung. Ävver et Levve geiht wigger. Dann wat fott es, es fott, wie mer en Kölle säht. Nor ungään hoot et allerdings, wann eine verzallt, dat och ehre eetste Mann an ner Pilzvergeftung gestorve wor. Wann eine froht, wie dat gekumme wör, zuckte et met de Achsele un meinte, dat wör e schrecklich Unglöck gewäs. Un wann dann einer wigger bohrte un zwei Pilzvergeftunge ne komische Zofall nannte, soch et in met unschöldige, runde Äugelecher aan un froht, wat dat dann bedügge sollt. Dodrop saht dann keine mih jet.

Et blevv, wie bei singe Qualitäte nit anders zo erwaade, nit lang allein. Un wie och nit anders zo erwaade – dann der Düüvel drieß jo bekanntlich luuter op der größte Haufe – hatt och singe drette Kääl, der Mattes, jet an de Fööß. Hä hatt Firme berode un wor dobei Millionär woode. Ovschüns se öftersch vürnähm esse gingke, oß e doch am leevste zo Hus. Denn och hä schätzte die Kochkuns vun singer Frau ärg.

Et Levve ging singe Gang. Ne Silvesterovend trick erop. Der Desch es exquisit wie immer gedeck. Posteling vum Feinste un nobeles Selver op blötewießem Damass. Och die Gedecke för die zwei Dude fähle nit. Der Döff vun nem Pilzgereech, wat sich der Mattes gewünsch hät, weil e för die Gans – dis Johr der Meddelpunk vum Silvesteresse – nix üvverig hät, trick durch dat fesslich geschmöckte Esszemmer.

Do weed e op eimol kniggewieß em Geseech, schwank op singem Stohl hin un her un schloddert an alle Glidder. Met wigg opgeresse Auge glotz e op die zwei Dude-Gedecke. Wie et Lis in frög, wat e hätt, säht e: „Ov de et gläuvs oder nit, ich han en Horrorvision gehatt, ding zwei verbleche Kääls. Die han met kniggewießem Geseech an ehre Plätz hee am Desch gesesse. Do es op eimol der Dud persönlich gekumme un hät inne e Pilzgereech opgedesch." Eets es et Lis jet verbas. Doch dann laach et hätzlich un meint, hä sollt en Zokunf jet winniger Prosecco vörem Esse drinke. Alkohol op ne leere Buch dät Halluzinatione produzeere.

Wat soll mer no sage? Wor et en Halluzination, die der Mattes verschreck hät? Hatt e ene Geheenskastekollaps? Oder wor et söns jet? Jedefalls hät e vun do an kei Pilze mih gegesse. Ov in dat ävver vör nem fröhe Dud bewahrt, bliev avzewaade.

Mariage am Aa ...

Fröher en der Franzusezigg, wie dä kleine Stoppe vun der Insel Korsika, dä Napoleon, och en Kölle et Sage hatt, sproch de kölsche Hautevolaute un die Lück, die meinte, se gehürte dozo, französisch. Miets met ärg decke Knubbele en der Sprochzupp. Ävver god! Su sin se evvens, die Minsche! Luuter hechele se hingerm Genosse Trend her. Su wor för e Beispill ne Rähnschirm op eimol en Paraplü, ne Bürgersteig e Trottoir, e Frauminsch hatt Fazung und en god Klör, dat heisch en aadige Färv em Geseech, ne Jusep stundt för singe Ungerrock. Jo, un Huzigg wor kein Huzigg mih, en Huzigg wor en Mariage. Alsu en Marie met enem Aasch hingerdran: Mariaasch!

Zickdäm sin no ald god zweihundert Johr der Rhing eravgejöck un dä kleine Stoppe ald lang Stöbb. Längs hät die Sproch vun de Inselgermane, Englisch, dat Französisch avgelüs. Och en Kölle. Kei Wunder alsu, dat de Zigg mänch Usdrück vun de Franzmänner fottgespölt hät. Su es och de „Mariage" ungergetauch un als „Huzigg" widdergebore woode. Eintlich schad dröm. Dann „Mariage" klingk esu god, su weich, fluuschig un muggelig, alldiewiel „Huzigg" ene zackig preußische Zog an sich hät. Als Kääl schläg mer, wa'mer „Huzigg" hürt, wie vun selver ald de Hacke zesamme. Besonders, wann de Schwigermo en spe dovun sprich, dat ehr Marieche zo Hus setz un nit ein noch us weiß.

No god! Mariage hin, Huzigg her! Et es noch nit esu lang her, do hät och et Schumachers Marie gehierodt. Ganz jung wor et nit mih. Dat kunnt mer nit sage. Mänch Lück em Veedel sahte sugar, et wör en aal Juffer un, dat et üvverhaup eine metkräht, e Wunder. Zemol met däm Eckschääfche, wat et sing eige nenne dät. Wat dat es, frögs de? Dat es ene Puckel. Däm Marie singe Puckel soch wie ene Rucksack us, dä sich vun singer Scholder bes zor Taille trok un scheiv op einer Sigg vum Rögge hing. Als ov et dat Geweech usgliche mööt, laht et der Kopp luuter schräg noh de ander Sigg. Su soch dat Weech wie e groß Frogezeiche us. Nä, vun hinge gesinn wor et Marie verhaftig kein Schönheit. Vun vürre kunnt et sich eintlich sinn looße. E god geschnedde Geseech, schwatze, fründliche Mandelauge unger schwatze Locke. Un wat för en Stemm hatt et! Geheimnisvoll un zauberhaff. Wann et sproch, leef einem en Wonneschuur der Röggen erav. Ävver selvs domet kunnt et keine Kääl an sich binge.

Secher wore do och sing Erzeuger met schold dran. Et Marie lävte noch met Aanfang Dressig em Huus vun singe Eldere. Se hatte nor die ein Doochter un däte se wie ehre Augappel höde. Ganz jeck wor der Vatter, ne Despot, wie hä em Boch stundt. Dozo ene Bölles vun Kääl met ener Stemm, die dozo passe dät. Wann hä sich wödig vör einem opbaute, soch hä wie Goddvatter persönlich beim Jüngste Gereech us.

Die winnige Kääls, die ens ene zaate Aangang an sing Rapunzel versök hatte, wore geflüchtet, wie se in kennegeliert hatte, dat heiß, im en de Finger gefalle wore. Hä dät se nämlich op Hätz un Niere examineere. Dann eets ens ging hä dovun us, dat se all op die Nüsele un nit op die Fott vun singer Doochter schielte. Dann die Famillich hatt jet an de Fööß. Mänch Lück sahte, se dät sugar em Geld schwemme.

Wie och immer! Keiner vun dä Kääls hatt besher dat Frogegewedder usgehalde. Bes ... jo, bes eines Dags ene Poosch däm Marie Avance maht, dä däm Aal, ohne met de Wimpere ze klimpere, Pohl heeldt. Op alle Froge hatt hä en Antwood. Kein Schwachstell zeigte sich bei im. Nix blevv unklor. Su gov Goddvatter schleeßlich singem Rapunzel et Placet för dä Fisternöll. Der Usschlag gov die Tatsaach, dat Peter Schneider, wie dä Poosch heeß, och noch ene Dokterhot drog.

Dat Veedel woodt die Neuigkeit eets gewahr, wie die Famillich Schumacher eines Sonndags em Huhamp enleef. Demonstrativ durch der Meddelgang vun der Kirch bes ganz vürre en de eeschte Bank, wat se zevör noch nie gedon hatt, un koot, nohdäm der Pastuur opgetrocke wor, för dat et och die letzte Schlofmötz metkräht. Dä aale Schumacher vöraan, dohinger sing Appendix, dat heisch, sing Frau, un zo goder Letz dat junge Gespann, et Marie am Ärm vun singem Kavalöres.

Domet noch nit genog. Der Schumacher leedt et sich nit nemme, am Honoratiorestammdesch „Em Golde Krützche" met singem Schwigersonn en spe ze strunze. Wat dä alles wör un künnt. Wat dä hätt un verdeene dät. Wie dä ussöch un wie charmant dä wör. Wat dä för Fraulück hätt han künne. Mer hätt beinoh meine künne, hä selvs dät singe Schwigersonn hierode. Och de Veedelswiever wore vun im aangedon un paar drüge aal Juffere, die och ens gään erfahre hätte, wie sich Fraulück un Mannskääls ungerscheide, luurte ärg schäl un däte – fromm wore se jo – zom Herrgodd bedde, dat die Saach en de Brüch ging. Noh däm Motto: Wann sei nit, dann och et Marie nit. Gedeiltes Leid es halves Leid.

Ävver Sonndag öm Sonndag verging, dat Paar blevv zesamme. De Verlobung woodt met großem Pomp en nem Ein-Stäänerestaurant gefiert. Der aale Schumacher leedt sich nit lumpe. Hä bezahlte alles, wie et sich för ene Bruggvatter gehoot. De Huhzigg woodt aangesaht un ging en nem Drei-Stäänerestaurant üvver de Bühn. Widder latzte der aale Schumacher. Wie mer dat su als Bruggvatter mäht. Am Huhziggsdag veravscheedte sich de Brugglück en de Flitterwoche. Et sollt en de Südsee gonn. Widder maht der aale Schumacher singe Geldbüggel wigg op un blechte.

Am Stammdesch frogte se in, ov hä kei Angs hätt, dat singe leeve Schwigerdokter sich e Hula-Mädche zoläge dät. Hä künnt ene aadige Fitschi-Lover avgevve. Opgebraht wes hä dat zoröck. Vun singem Schwigersonn künnt sich mänch einer en Schiev avschnigge. Moralisch gesinn. Un ußerdäm wöre se luuter neidisch. Besonders die, die för ehr Dööchter nit su jet Apaates opgedrevve hätte.

Zwei Woche gingke en et Land. Op eimol wor et Marie widder do. Fröher wie vörgesinn. Allein. Met rude Auge. Wie e Schmiddsfüürche verbreidte sich dat Geröch op der Stroß, dä schöne Dokter Schneider hätt sing Eckschääfche ald noh veezehn Däg en der Südsee em Ress geloße. Ohne Mitleid, ohne Röcksich, ohne Penning. Doför hätt hä dat Konto vun singer Frau avgerüümp.

Dat hätt sich för in och renteet. Mer munkelte, der Schwigervatter hätt do noh der Huhzigg e paar hundertdausend Moppe drop üvverwese, för dat dat junge Paar nit am Hungerdoch käue mööt. Wat för en Story! Wat för e Drama! Met wat för enem Engk! Mariage am Aa...

Em Veedel gov et nit winnige, die däm aale Schumacher dä Renfall gönnte. Nor et Marie dät de mieste leid. Besonders, wann et wie en Witfrau en schwatze Klamotte, stell un stomm durch et Veedel schlech. Un die scheinhellige Beddschwestere däte sich beim Herrgodd bedanke, dat hä se erhoot hatt.

Vun nem Winterpläsierche

Hä hatt sich su drop gefreut. Dä Barsowskis Manes. En dä kalde Zigg, wann der Nevvel wie e Leichedoch de Nator zodeck un mer sich och am Rhing de Ziehe avfriert, op de Kanare ze jöcke, sich drei Woche em wärme Sand ze öölen un dat Blau em Himmel ze bewundere. Zwei neue Badebotze hatt e sich ald em Vörgreff op dä Orlaub zogelaht un Bermuda-shorts met aadige Müsterche dozo. Gewess, se däte de Chressdäg un Silvester zo Hus verpasse. Ävver zickdäm die zwei Dööchter usem Huus wore, hatte die Fessdäg – winnigstens för in – ehre Glanz verlore.

Wie hä der Weihnachtsorlaub op et Tapet braht, hatt si Hätzblädche freudig zogestemmp. Endlich ens kei Weihnachtsgeschenke för de ganze Famillich met Aanhang besorge, kei Esse am Hellige Ovend organiseere, sich nit der Kopp dodrüvver zerbreche, met wäm mer Silvester fiere künnt ov mööt, endlich sich ens widder gonn un verwenne loße, hatt et gemeint un wor im öm der Hals gefalle.

Doch bei singem Vörschlag „Kanare" kom dä Schlag. Völlig unverhoff. Si Düüvche leet ene Schrei. „Wat, do wells op de Kanare?!" Dat kann doch nit wohr sin! Do kanns de allein hinfleege." Verbasert stodderte der Manes: „Wat es dann? Woröm wells de dann nit op de Kanare? Do es et öm die Zigg schön wäm. Keine Nevvel, kei Ies, keine Schnei."

„Dat es et jo grad", ungerbroch in si Leckerche, „dat es et jo grad! Nie kanns de op mich Röcksich nemme. Do weiß doch, fröher ben ich met unse Dööchter luuter eimol em Johr en der Skiurlaub gefahre. Ävver zick zwei Johr nit mih. Och dis Johr han se, wie se sage, kei Zigg. Do weiß doch, wie gään ich Ski fahre. Wa'mer ald en de Weihnachtsdäg en Orlaub fahre, kann ich, verdammp noch ens, vun der erwaade, dat do op mich Röcksich nimmps, winnigstens eimol em Johr, un met mir Ski fahre geihs. Wo ich dich dagen dagus verwenne un dat Vergnüge han, ding gääl Ungerbotze zo wäsche."

„Do han ich nit draan gedaach", worf der Manes verschamp en. Un noh ner Puus, för singe Draum vun de sonnige Kanaren ze rette: „Ävver ich kann doch gar nit Ski fahre. Wat soll ich dann en de Alpe?"

„Et stemmp, dat do wie en bleie Ent fähs", schnaute si Leckerche. „Weiß der leeve Godd, wie dat kütt, wo do doch sugar dat ,ski' en dingem Name drägs. Barsowski! Ävver kanns do nit fahre, kanns de winnigstens op dä Bredder stonn."

Se stredte sich noch en Zigg lang. Un schleeßlich – wä hätt och drop gewett, dat dat Spill anders usging – gov der Manes noh. Op der Weihnachtsorlaub wollt hä nit verzichte, selvs wann et en et Gebirg ging. Ävver si Freud wor futü.

De Stimmung woodt och nit besser, als se en Garmisch aankome. Et wor wie doll am Schneie un de Seech unger einem Meter. Hä schweißte wie ne Bär, nohdäm hä die Kaar em gletschige Schnie gepark, de Ski avgelade un de Koffere op ehr Zemmer geschlepp hatt. Wie hä dat hasste, en god Klamotte ze schweiße! Ävver bei nem gode Ovendesse en ner gemödlich-wärme Stuff ging sing Stimmungsbarometer langksam en de Hühde. Un als am Morge de Sonn schung un et Gebirg ringseröm en wießer Praach strohlte, wor hä beinoh met singem Schecksal widder zofridde.

Natörlich wor bei su nem Wedder die Piste aangesaht. Si Schnuggeldeerche heeldt et kaum am Frühstöcksdesch us, wibbelte op singem Stohl eröm, loote immer widder noh drusse un drevv der Manes aan, nit wie ne aale Mann ze käue. Su stundte se ald öm nüng Ohr bovve huh om Gletscher. Wie der Manes die steile Avfahrte soch, woodt et im op eimol jet kuschelemimmetig. Secher log et nit dodran, dat e nit satt gewoode wor. Hä kunnt sich gar nit mih entsenne, wann hä zoletz op Skier gestande hatt.

„Do erunger?", mummelte hä met schwaacher Stemm. „Dat kann ich nit. Dat wör minge Dud." „No stell dich nit esu aan!", kievte si Zuckermüülche. „Dat sin doch ganz eifache Strecke. Loor ens, wie die klei Puute do eravjöcke! Alsu loss gonn, Manes, loss Kood scheeße!"

„Fahr do vör, ich kumme noh. Ich muss mich eets ens sammele", fispelte der Manes. „Schleeßlich wells do mich unge en einem Stöck widdersinn. Si Leevche loote in aan, als ov hä e Frembche wör, saht ävver nix un stochte loss, wie wann der Düüvel hinger im her wör.

Der Manes stundt en Zigg lang stell do, fuhr aan, blevv stonn, laht sich hin, stundt op, fuhr widder aan, blevv widder stonn. Zoletz gov hä sich ene Däu un maht sich als Schneiplog op der Wäg. Un weil et ganz god ging, woodt hä allmöhlich modiger un laht ne Zahn zo. Alles leef bestens un allmöhlich kräht hä sugar Spass an dä Saach. Bes hä usem Augewinkel op eimol ne Langläufer bemerkte, dä in aller Gemödsrauh quer üvver sing Streck am Kruffe wor un si Geblöks nit ze hüre schung. Hä hätt locker an im vorbeigekunnt. Ävver dä sinn un e hektisch Bremsmanöver enleite, wor ein.

Et kom, wie et kumme moot. De Skier verhaspelte sich, hä tirvelte durch de Looch, üvverschlog sich, schnavte op die Piste, rötschte om Rögge e ganz Stöck dä Birg erav un blevv schleeßlich an ner Dann hange.

Wie hä widder zo sich kom, wor im em eeschte Augebleck nit klor, wo hä wor. Vörsichtig klappte hä ein Aug, dann et andere op un stellte fass, dat hä noch lävte. Jetz wor en Inventur aangesaht. Knoche? Kei gebroche. Zäng? All noch do un an de richtige Stell. Gesampzostand? Alles dät wih. Un god sinn kunnt hä och schlääch. Villleich hatt singe Kopp doch ne Titsch avkräge. Skier un Skistöck? Noh ner Luffreis em Dännebösch ungergetauch, met Heische, Mötz un Skibrell em Schlepptau. Alles fott. Op eimol feel im heiß op de Siel: „O do leever Godd, wo es minge Brell geblevve? Dat Dinge hät dausend Euro gekoss. Ohne in ben ich opgeschmesse. Dodröm kann ich och esu schlääch sinn. Wat maach ich nor? Wat maach ich nor?"

Hastig fing hä aan, em Schnei ze kratze un ze buddele. Hee un do un do un hee. Fung ävver nix. Hä wor beinoh die ganze Stoozstreck om Buch widder eropgekroche, do ruuschte et jih, un en nem Schnierähn stoppte en Hääd Zaldate tirek nevven im, die wall grad en Übung mahten. Ov se im helfe künnte, frogte se. Wat der Manes dankbar bejahte. Koote Zigg späder wor die „Unfallstell" en wiggem Boge avgesperrt, un su an de zwanzig Kääls soke noh nem Brell. Dat Kreppche duurte ald su an de zwanzig Minutte. Do grevv der Manes zofällig en der Usschnedd vun singem Anorak un hatt – ne Brell en de Häng. Hä beloorte in vun alle Sigge, als hätt e in noch nie gesinn. Ävver et wor der singe. Hä wor krade-platt.

„Öm Goddes Welle", schoss et im durch der Kopp, „wat maachen ich jetz? Ich kann dä Pooschte doch nit sage, dat ich Duseldeer der Brill de ganze Zigg unger mingem Kenn gedrage han. Die halde mich för beklopp. Wann se nit sugar gläuve, ich hätt se gefopp."

Opgeräg üvverlaht e, wat e maache sollt. Do kom im der Geistesbletz. Hä loote vörsichtig noh alle Sigge un, wie hä soch, dat keiner op in aachte dät, leet e die Loormaschin do, wo hä stundt, steekum falle, schrabbte mem Foß e bessche Schnei drüvver un reef met freudiger Stemm: „Ich sinn in, hee litt der Brill. Kutt un loot!"

Ävver ganz ömesöns hatte die Zaldate nit gesök. Winnigstens funge se noch Skier un Skistöck. Der Manes traute sich ävver nit mih, op die Bredder ze steige, sondern rötschte op der Fott der Birg erav. Si Zucker-pöppche wor e einzig Frogezeiche. Hä verzallt im, hä hätt op dä Fahrt vum Birg en Vision gehatt. Singe Schotzengel hätt sich im gezeig un ver-kündt, hä sollt dat Skifahre sin loße. Beim nöchste Mol wör e dud. Drop hätt hä die Bredder schnorstracks avgeschnallt un wör zo Foß erunger gekumme. Singe Huusengel saht dodrop nix. Hä hatt nämlich e Faible för et Üvversinnliche.

En Helligovend-Delikatess

„Nä, Jupp, wat muss ich nit all vör de Chressdäg bedenke! Ich weiß nit, wo mer der Kopp steiht bei all däm Üvverläg. Jedes Johr datselve Spill ... Eets ens de Geschenke för uns zwei Blage, dann för ding Moder, die jo och noch su ätepetäte es. Der Hungk un dich nit zo vergesse. Dann dat Huus fäge un schmöcke un esu wigger un esu wigger ... Et nimmp kei Engk." Säht dat Altargeschenk, wat ming Frau es.

„Eintlich komisch!", sagen ich. „Zigmol kummen un gonn se, die Chressdäg. Ävver do stells dich aan, wie wann ne runde Gebootsdag oder en Kinderkommelion vör der Dür stündte, die nor eimol em Levve vörkumme."

„Wat heiß dat dann ald widder? Verzäll nit esu ene Käu!! Helf mer leever beim Denke", ungerbrich mich dat Botterblömche, wat ming Frau es. „Weiß de, wat mer am mieste Koppping mäht?", frög se un gitt de Antwood glich selver. „Dat es dat Zeesse. Wat gitt et an de Fierdäg, wat ka'mer dinger Moder vörsetze, die sich Helligovend bei uns aangesaht hät? Wo die doch luuter meint, se künnt besser koche als wies ich un mir dat och vör de Schnüss säht. ... Nä, ich krige baal et ärme Dier! No sag doch ens jet, Jupp! Maach dich doch eimol em Huushald nötzlich! Wann de söns ald nix deis, stonn mer winnigstens beim Denke bei! Loß mich nit em Ress, söns ..."

Ich hatt die Wööderflut an mer vörbeiruusche looße, wat am beste es, wann sich dat Paradiesäppelche, wat ming Frau es, en Hetz red. Ävver beim Wood „Helligovend" weede ich hellwaach. „Eins sagen ich der", werfe ich dozwesche, „en Gans kütt mer nit mih en et Huus. Vörriges Johr moot ich extra en de Bergische Berg noh Schirvelsbösch düse, oder wie dä Boorehoff heiß. Weil se do, wie do behauptet häs, Biogäns us der eige Zuch hätte. Eets hatt ich do ene Killometer vum Parkplatz us durch Mudd un Soot ze waate, bes ich en däm Boorelade wor, un dann stundt ich en halv Stund en ner Reih aan. Zwesche Fraulück, die all op en Biogans schärp wore un sich beim Waade ehr Gänsrezepte weihnachtlich-friedlich öm de Uhre schloge.

Wie ich dran wor, froht mich die Krömchesmadam: „Soll ich üch die Föß met enpacke?" Verbasert loot ich se aan. „Wat dann för Föß?" „Die vun der Gans natörlich", saht se un hovv zwei spirrig-dönne Gänsschoche en de Hühde.

„Eja, do ka'mer en wunderbare Zaus vun maache! Die Bein en jet Wasser dun un om Hääd langsam uskoche. Dat gitt en Zaus, kann ich üch sage!", mischte sich en Aal hinger mir begeistert en. Ehr Geseech wor genau esu schrumpelig wie die Schoche vun dä Gans. Wie ich ehr dat Gebein geschenk han, kunnt ich nor met Möh verhindere, dat se mer öm der Hals feel.

„No hür doch met däm aale Dress op! Dat häs de mer doch ald dreimol verzallt", worf dat Hätzbläddche, wat ming Frau es, dozwesche.

No wor ich ävver grad en Fahrt. „Geschlage fünf Stunde han ich zo Hus am Hääd gestande un moot en dingem Opdrag dä Vugel bedeene, dat heiß begeeße. Un wat hatte mer vun minger Möh? Wie mer in an Helligovend müffele wollte, entpuppte e sich als Gebesskiller. Su zäh wor dat Bies. Die Solle vun minge aale Winterschohn wore nix dogäge. Secher ne Urgroßvatter, dä sich zehn Johr vörm Dud gedröck hatt. Mer han in aangekaut, ävver nit gegesse, in stattdesse en der Mölltonn versenk. Nä, su jet kütt mer nit mih en et Huus, sag ich der. Dat es ming letztes Wood."

„Alsu god!", säht mi Schnuggeldierche. „Dann gitt et evvens Helligovend Karpe." Domet es et fäädig. Dä Karpe kann ich nit mih verhindere, weil et ald de Dür hinger sich zogeschlage hät, ih dat ich minge Mungk op-maache un sage kann, dat ich dat Dier nit holle dät, weil ich et nit kapodd maache künnt. Ne Karpe luurt eine nämlich sugar noch, wann e dud es, wie ene Minsch aan. Su treuhätzig un sanf. Grad su, wie mer sich dat vun nem aadige Frauminsch wünsch.

No god! Die Weihnachtswoch trok erop. Am Dag vör Helligovend kräht einer vun unse Pänz dä Opdrag, dä Fesch – wie bestallt – vum Maat öm de Eck avzeholle. Koot drop wor e met nem große, en en naaße Zeidung geschlage Pakett zoröck. Ming Zuckerstängelche zubbelte dat Papeer op. Ich donevve. Wat för e aadig Dier! Et dät mer furchbar leid, wie et su dud do log un mer deef en de Auge luurte.

Op eimol wor mer su, wie wann sich sing Flossespetz e bessche bewäge dät. Ich revv mer de Auge. „Secher en Fata Morgana", daach ich. „Dat Dier es doch muusdud. Duder geiht et gar nit." Alldiewiel hatt dat Düüvche, wat ming Frau es, e Metz usem Schaaf geholl un wollt im grad der Buch opschletze. Widder wor mir su, wie wann sich die Flossespetz höösch bewäge dät. „Hür op", bröllte ich, „dä Fesch hät sich bewäg, dä es noch am Levve. Do wells doch nit zom Mööder weede?! Un dat och noch en der hellige Weihnachtszigg?" Mir dat Dier schnappe, en et Badezemmer laufe, der Badebüddhahn opdrihe, dä Karpe en et Wasser setze, wor eins. Doch wat wor dat? Hä drihte sich öm un drevv mem Buch noh bovve em Wasser.

„Alsu doch dud. Do sühs de et", saht dat Hunnigmüülche, wat ming Frau es, met Genugtuung en der Stemm un greff noh däm Dier.

„Nix do", reef ich, „et muss sich eets ens vun däm Schock erhole. Loss et en Rauh!" Ich schovv se usem Badezemmer, trok de Dür hinger mer zo un der Dürschlössel av. Nit dat die noch steekum ... Ich kenne jo die Person, met dä ich Desch un Äugelskess deile.

Wie ich zwanzig Minutte späder widder vör der Dür stundt, hoot ich e Plätsche. Ungeloge! Dä Karpe schwomm löstig en der Badebüdd eröm. Hä schung sich ärg god ze föhle; dann hä schlog met der Floss su op et Wasser, dat der ganze Boddem vör der Büdd gedäuv wor. „Öm Goddes welle", reef minge Augetruus, „lo'mer met däm Veech koote fuffzehn

44

maache, ih dat uns zwei vum Spillplatz zoröck sin. Wann die der Fesch lebendig sinn, es alles zo späd." Ävver do wore se ald. Kaum hatte se dä Fesch gesinn, do reefe se freudig: „Wat för en schön Weihnachtsüvverraschung! Hurra! Mir han noch e Huusdier. Endlich!"

Dat Huusdier kräht och glich ene Name. Fritzi! Als mi Leckerche inne verklörte, dat dä Fesch nevve der Groß de Haupperson beim Helligovendesse wääde sollt, reefe se beids opgebraht: „Ävver mer künne doch Fritzi nit esse!" No wor jet gebacke! Der ganze Nommedag verbrahte die zwei em Badezemmer. Se spillte met Fritzi Fange, oße ovends em Badezemmer ehr Botteram un bestundte drop, och de Naach bei im zo verbränge.

Am andere Morge wor unser Huus ne Duuveschlag. Zig Kinder – per Handy op der aktuelle Stand gebraht – kome, vör Fritzi zo besöke un zo bestaune. Un dä schung ze merke, dat et öm in ging. Hä spritzte met singer Floss un raste die Büdd erop un erav. All hatte se Spass, dä Fesch, de Kinder un ich. Nor ming Ihgespons maht e suur Geseech.

Am späde Nommedag – et ging op de Bescherungszigg aan – tagte dä Famillierod. Donoh wor klor, dat et Helligovend keine Karpe gevve dät. Wie die Groß engelaufe wor un mer noh der Bescherung, för zo esse, all am Desch soße, drog mi Leevche met enem Geseech us Stein Ääpelschlot un Wööschche op. Do ging op eimol e Strohle üvver et Geseech vun minger Moder. „Endlich", reef se, „jet Ööntliches an Helligovend om Desch. Wat för en Delikatess! Annemie, ich dank der."

Wat soll ich sage? Et Chressfess wor gerett. Am nöchste Morge ha'mer dann Fritzi en en Büdd gepack un sin met im nohm Aachener Weiher. Do hät e dann secher sing Verwandte getroffe un met denne et Chressfess op sing Aat gefiert.

Nem Pennbroder
sing schönste Chressnaach

Helligovend. Et geiht op sechs Ohr aan. De Stroße, die noch en der Meddagszigg schwatz vun Minsche wore, döse no em Duster stell un verlooße vör sich her. Nor av un an schröömp noch en Figur – deck engepack – deech lans de Hüüserwäng op Heim aan. Dann hürt och dat op. Et es hungkskald. Ne schärpe Wind fäg öm die Stroßecke, driev große Schneiwolke vör sich her un lööt die Flocke unger dä Stroßelatääne danze.

Der Winter hät et Regalt üvvernomme un dä Stroße, Hüüser un Bäum ne wieße Pelz üvvergetrocke. Dat es sing Schneiwelt. Ävver de Huus-finstere leuchte wärm, die eetste Chressbäum flamme op. Dann luuter mih. Öm se eröm löstige Kinder un Lück en ehre Fierdagsklamotte. Fesslich gemodte Geseechter un Fessdagsstimmung. Himmlische Rauh. Fridde, wo mer hersüht. Ne Engel geiht öm. Et es Helligovend.

Op eimol bewäg sich jet op der Stroß. Et humpelt langsam eran un ent-pupp sich em gääle Leech vun ner Stroßelatään als en storkige, dönn Bunnestang en beschneitem Mäntelche un Schlapphot. Immer widder bliev se stonn un schöddelt sich, wie wann se Feeber hätt. Sehnsüchtig luurt se en die Finstere un mummelt jet, wat klingk wie „ … schön, … wärm, … künnt ich doch och en ner wärme Stuvv …! Ävver üvverall … alles voll … Nix frei…"

Em Schneidrieve tauche die Ömresse vun ner Kirch op. E „Vum Himmel huh …" schwäv leis durch de Looch. Die Bunnestang stopp, geiht op dat Goddeshuus aan, zögert. „Su kann ich doch nit en en Kirch gonn, su avgeresse un unraseet. Gewäsche han ich mich och ald zick veezehn Däg nit mih. Un ußerdäm ruche ich ärg noh Schabau. … Schweißmöff un Schabaudöff! Wie wör dat, wann ich, ne Pennbroder un Suffkrad, bei dä fesslich gekleidte Minsche opschlage dät? …", denk dä Penner. Ävver dat Leech us dä Kirchefinstere leuch su heimelig un wärm. Hä kann nit widderstonn, trick vörsichtig de Kirchepooz hinge ungerm Toon op un spingks en die Kirch. Die es rappelvoll, weil hügg och de Seldegänger – dat heiß, die Lück, die nor eimol oder zweimol em Johr en Kirch vun benne sinn – all do sin. Höösch zwängk hä sich durch der Dürspald un tapp en en düstere Eck. Nevve nem Bichstohl kütt e zo Stonn. Ganz stell steiht e do un traut sich nit, der Schnei vun singe Klamotte avzeschöddele. Ävver weil et en der Kirch wärmer wie drusse es, fällt dä allmöhlich vun selver erav un mäht ne Pohl, en däm hä en Insel bildt. „Ich gläuven, hee bliev ich, wann die Kirch am Engk es", meint hä för sich. „Der Herrgodd hät secher nix dogäge, der Bichstohl es e god Versteck un süht och ganz gemödlich us." Hä lunk noh alle Sigge un, wie e merk, dat keine op in aach, es hä – fuppdig – en däm Hüüsche ungergetauch.

Dann kütt dä Goddesdeens an si Engk, die Lück verloße de Kirch, der Köster lösch de Kääze un schlüüß der Goddestempel av. Der Tippelbroder es allein. Dat mäht im an un för sich nix us. Ävver et es düster, jo, beinoh unheimlich, un die Käld schöddelt in noch immer. Oder es et dat Feeber, wat im zo schaffe mäht? Su kros e eets ens usem Rucksack sing Fläsch Schabau erus un nimmp ne deefe Schlupp. Gäge dä Fross. Wall och gäge sing Angs. Mer weiß jo nit, wä einem naachs en ner Kirch begähnt. Hä knief de Auge zo un versök enzoschlofe. Ävver dat flupp nit. Villleich, weil e dodraan denke muss, wat för ene ärme Sock hä doch es.

Su öffnet hä leis widder der Bichstohl un mäht sich met tappsige Schredde op Entdeckungsreis. Wie ne Blinde, met wigg vörgestreckte Häng, för sich nit der Küüles ze knuuze. Op eimol stüüß e op jet, wat im em Halvduster wie de Kripp vörkütt. Met ziddrige Finger sök hä en singer Manteltäsch noh nem Feuerzeug un em dönne Leech noh e paar Kääze. Un, wie die brenne, süht e se, die Fessdagsschwitt: der Jupp, et Marie, Ohß un Esel un ... dä Klein.

Et kütt im esu vör, wie wann der Jupp im verbasert mem Stock dräue dät. Dat kann e god verstonn, süht e doch secher wie ene avgewrackte Waldschrat us, däm mer nit traue, däm mer ävver alles zotraue kann. Doch et Marie hivv de Häng un besänftig singe Kääl. Dat Stümpche laach in sugar aan. Et es nackig. Un dat bei dä Käld! In pack et Metleid. Hä klimmp op dat Gebünn, krüff en dä Kreppestall, zupp jet Heu usem Fooderpott vum Ohß un deck et sanf zo. Do laach der Jupp, un et Marie sähnt in. Se maache och e fründlich Geseech, wie e us singer Manteltäsch der Ress vun nem Botteram trick un domet dä Klein föödert. Nor der Gabeko drink e allein, weil im noch räächziggig enfällt, dat Kinder keine Schabau krige. Un wie e dat Jüngelche an de Fööß kitzelt, laach et widder un laach un laach. ... Im weed ganz wärm öm et Hätz ...

Dann steiht hä en nem große, aadige Saal. En Orgel spillt ärg feierlich. Jih weed et ganz hell, ne Goldengel flüg op in aan un nimmp in an der Hand. Dat Käälche es och do. Et setz no op nem golde Thron un wink im fründlich zo. Hä hät schingks ne Stein bei im em Bredd. Op eimol sin sing Baatstoppele fott, hä hät widder alle Zäng em Geseech, es sauber gewäsche un dräht ne vörnähme Aanzog. Im es ganz wärm. Hä föhlt sich su god, su zofridde, su glöcklich wie ald lang nit mih. Endlich hät hä e Zohus gefunge ...

Wie der Köster am Weihnaachsmorge de Lampe vun der Kirch för de Fröhmess aandrieht un de Kreppebeleuchtung enschaldt, triff in beinoh der Schlag. En der Krepp, tirek vörm Stall zwesche Marie un Jupp, litt ne Pennbroder. Dud. Ävver sing offe Auge laache dat Jesuskind aan, wat en singem Schuß schlöf.

Chressdagsprädig
(noh nem Verzäll vun Robert Gernhardt)

„Leev Gemeinde, aandächtige Bröder un Schwestere!

‚Es begab sich aber zu der Zeit, dass ein Gebot von dem Kaiser Augustus ausging, dass alle Welt geschätzet würde ...', su hät der Lukas en singem Evangelium, Kapitel zwei, Vers eins, geschrevve. Dat es der Aanfang vum Chressdagsverzäll. Wie et wigger geiht, leev Lück, Aandächtige en Christo, wesse mer all. Dat bruch ich üch nit mih zo verklatüstere. Esu lo'mer hügg, am Gebootsdag vun unsem Häär, noch e bessche am Aanfang stonn blieve un simeleere.

Do kütt also e Gebodd zo de Minsche. Sugar vun enem Kaiser. Un wie heisch dat Gebodd vun däm Kaiser, däm größte Häär en de domolige Zigg? Heisch dat Gebodd villleich, dat mer üvver alles nöttelt un pröttelt? An nix e god Hoor lööt? Ne Knotterpott un Nöttelefönes weed, däm mer nix rääch maache kann, dä an allem jet uszesetze hät? Su wie mer dat hüggzedag mäht?

Nä, su es et nit, Verwandte em Hellige Geis! Su es et verhaftig nit! Sing Gebodd heisch expré, dat de ganze Welt geschätz weed, dat mer se huh häld, dat mer luuter Godes üvver se verzapp.

‚Jo, jo, ävver, ävver', su hür ich üch ald replizeere, ‚es et dann üvverhaup minschemügelich, de ganze Welt ze schätze? Kenne mer nit Hunderte vun Kääls un Fraulück, zig Kollege un Nohberschlück, Verwandte un sugenannte Fründe, die mer gar nit esu schätze? Die mer sugar op der Blocksberg wünsche? Un künne mer nit an Plaatze, wo mer all zosamme kumme, en unse Stammweetschaff för e Beispill, av un an Sätz hüre wie: ‚Ich schätz et nit, wann do mer e Glas Kölsch op de Botz schödds.' Oder:

‚Wat es dat dann hee op minger Rechnung? Nä, nä, leeve Köbes, su ha'mer nit gewett. Ehr hat jo Ohrzigg un Datum zo dä Kölsch, die ich gedrunke han, dozo addeet. Dat schätz ich ävver gar nit.' Un kütt et nit ald ens vör, dat mer uns verschätze un dä Ziegelstein, dä mer nohm Nohber wirf, de Nohbersch, die mer ärg schätz, triff?

Jo, leev Chresteminsche, Ehr hat Rääch, dat es esu. Doch wann jeder, do un ich, un ehr do hinge, die ehr met üürem Schnarche ald de ganze Zigg ming Prädig gestürt hat, noch hügg anfange dät, de Welt e klitzeklein winnig mih ze ästimeere, dann künnt se morge ald anders ussinn. Wör dat nit jet, för et ze schätze? – Wat saht ehr? Ich mein ‚doch', schätz ich. Amen."

Vun Pappenheimer
un Pappnase

„Dodran dun ich ming Pappenheimer erkenne", schrevv der Schiller. Dat es dä Deechter, dä – noh Aat vun de akademische Eierköpp, die villleich jet em Geheenskaste, ävver secher nix en de Maue han – zig Strophe vun nem Rüümche broht, för ze verzälle, wie mer ein Glock en der Ääd fassmuurt un wat dobei alles zo beaachte es. „Festgemauert in der Erden steht die Glock' aus Lehm gebrannt ...", wä hät dat nit uswendig geliert? Wä et interesseet, dä Oot Pappenheim litt tirek an der Altmühl, nem Nevvefloss vun der Donau. Do gitt et och huh om Birg üvver dem Wasser en Burg.

No künnt mer aannemme, dat Pappenheim de Heimat vun de Pappnase es. Ävver wä dat gläuv, es schwer om Holzwäg. De Pappnase sin nämlich en Kölle am Rhing zo Hus. Do gitt et zwor – süht mer ens vum Mont Klamott av – keine Birg un eets rääch kein Burg. Trötzdäm ka'mer behaupte, dat uns Kölle de Pappnasehuhburg vun ganz Germany es.

Et es noch nit esu lang her, dat der bövverschte Boss vun Kölle met enem rude Katömmelche op der Nas en Zeidunge un Zeitschrefte Wind för Kölle gemaht hät. Et „Weetschaffszentrum Wess" un en rud Pappnas! Natörlich si'mer domet opgefalle. Ävver ov de Reklame ehre eintliche Zweck erreich hät, weiß mer nit esu genau. Zwiefel sin aangebraht. Dann ganz Germany hät gelaach. Uns aangelaach ov usgelaach, dat es hee die Frog. Ovschüns zick dä Zigg Kölle zor Fastelovendszigg met Frembcher vollgestopp es. De Hotelzemmere muss de ald ei Johr em Vörus boche. Bes wigg en de Bergische Berg hürs do de Lück morgens beim Fröhstöck en fremde Sproche kalle. Sugar em Vörgebirg sin de Holländer, Belgier, Engländer, Franzuse, Italiener un, wat et söns noch esu gitt, ungerwägs. De Minsche schwemme sugar üvver der Atlantik ov Pazifik, nor för eimol em Levve der kölsche Prinz ze sinn.

Do künns beinoh gläuve, Kölle wör der moderne Nohfolger vun Babel met singem Turmbau. Su vill Sproche hürs de en der Stadt. Ich well nit tirek behaupte, dä Verglich dät och söns passe. Ävver baal schingk et esu, als ov en Kölle wie vör Zigge en Babylon nie jet fäädig weed, un wann doch, nit en der geplante Zigg. Un deit et endlich ens fluppe, luuter noh Pleite, Pech un Panne. De Beispill spare ich mer hee.

Jo, die Pappnase! Vör e paar Johr heeß dat Fastelovendssessionsmotto: „Jedem Jeck sing Pappnas!" Doför wollt et Fesskomitee och sorge. Su klääkvten et ald op der Prinzeproklamation em Göözenich unger jede Stohl en rud Pappnas. Noh kootem Simeleere kütt mer drop, wat dat bedügge sollt. De Minsche en Kölle sin su verschiede wie anderswo och. Ävver am Engk han se jet gemein: en rude Pappnas. Winnigstens en Kölle. Un dat es schleeßlich et Wichtigste op der Welt. Oder hat ehr do en ander Meinung?

Weil de Kölsche su god Fastelovend fiere künne, nimmp de ganze Welt – gläuv ich – aan, dat se och ander Feste god usrichte künne. Su es die Stadt och vör de Chressdäg schwatz vun Minsche un laut vör Jubel, Trubel un Buhei. Un su woodte met der Zigg us aanfangs einem Weihnachtsmaat üvver zehn. De ganze City es ein Klang- un Leechtermeer. Wa'mer dat Glöck hät, dann zo ner Föhrung üvver die Däächer vum Dom engelade ze wääde un mer em Daachreiter steiht un em Schneidrieve op die Stadt eravluurt, kumme einem, ov mer well oder nit, de Trone. Su aadig un romantisch es dat Beld.

Weil no de Fastelovendszigg ald am Elfte em Elfte aanfängk, bliev et nit us, dat dä kleine Künning us Bethlehem un der Prinz us Kölle sich nohkumme un de veete un de fünfte kölsche Johreszigg su enenein rötsche, dat mer mänchmol nit mih ungerscheide kann, wat wat es. Nit ömesöns fläge Kölle un Bethlehem och en Städtepartnerschaff. Do han sich zwei gefunge, die god zesammepasse.

E god Beispill för dat Gemölsch es de sugenannte Kölsche Weihnaach, wo de Minsche op Weihnaachsleedcher ze schunkele aanfange un nit der Kreppestall, doför ävver de Fastelovendsbüdd zo nem zentrale Bühneaccessoire weed. Ävver dat Schunkele es en Kölle kei Besonderheit. Hüre de Kölsche ne Dreiveedeltak, gonn de Ärm vun allein huh un hoke sich beim Nohber – ov mer in no kennt oder nit – en. Der Aanlass es unwichtig. Huhzigge un Kinddaufe, Beerdigunge un Bolderovende, Wallfahte un Gebootsdagsfiere. Setz mer dobei, es et belieb, dä Body em Tak vun einer Aaschback op die andere zo verlagere. Dat häld der Buch mangs un de Hüff entak. Wann de Döktersch en Kölle an Hüff-operatione nit vill verdeene sollte, dät mich dat nit wundere.

Dis Dag ging ich met mingem Hätzblädchche op Jöck. Mer wore em Norde vun der Republik ungerwägs, för jet durch de Heid ze klabastere, un sin en nem kleine Dörp noh bei Lüneburg opgeschlage. Der Februar maht der Spädnommedag ald ärg düster. Dat ärmsillige Leech woodt durch die Rähnwolke noch gedämmp, die der Wind vör sich herdrevv.

Wat dat met de Pappnase ze dun hät, frögs do? Kei Angs, ich wääd der dat glich verklatüstere. Em Dorfgasshoff „Heidestüvvche" funge mer noch e Zemmer, et letzte, wie de Weetsfrau met Stolz en der Stemm verkünde dät. Se hätte am Ovend en große Gesellschaff em Huus. Alles wör belaht. Un ungeloge! Wie mer met unse Koffere an der Rezeption stundte, kom en Hääd von Minsche, Fraulück wie Kääls, durch de Dür geschrömp. Un dohinger immer mih. All – Kääls wie Fraulück – en schwatze Klamotte un met dudäänse Geseechter. Met enem knappe „Goden Ovend" op ehre Leppe gingen se stell an der Rezeption vorbei durch der Gang noh däm Saal, dä – schingks – em Hingergrund log.

Op eimol tauchte sugar der Pastur op, och dä en nem Krohlebaselümche. Us däm Saal keine Ton. Ihrfürchtig trok ich, wie ich die huh Geislichkeit soch, minge Hot vum Kopp un froht die Weetsfrau, wä gestorve wör. Et möht wall e huh Dier sin, dat su vill Minsche beim Dudegebedd dobei sin wollte. Sugar der Pastur wör gekumme. „Wat?", saht die Theke-madam irriteet, „Leeve Mann, ehr wollt mich wall för der Jeck halde! Hügg ha'mer nix met Dud un Dudegebedd an der Gäng! Hügg Ovend fiere mer en unsem Saal Karneval."

Karneval? ... Karneval? ... Mir, ming Schnüselche un ich, stundte met offem Mungk do, kunnten ävver trotzdäm nix sage. Wat bei mir selde vörkütt. Do kanns de ens sinn, wie sich de Lück doch ungerscheide künne, daach ich, wie ich widder zo mer kom. Ich gläuve, wann die norddeutsche Fastelovendsjecke bei uns en Kölle op e Reuesse verschlage wöödte, heelte se dat secher vör e doll Karnevalsevent. Un wann ich ömgedriht bei denne met ner rude Pappnas en der Saal gekumme wör, hätte die mich för e Wese vun nem fääne Stään gehalde. Ävver wä weiß, woför et god es, dat de Minsche esu ungerscheedlich sin.

Dat Meedshuus

Et gitt erer Stories, die do nit gläuve künns, wann nit et Levve selver se schrieve dät. Richtig jeckig weed et ävver, wann dobei de richtige Lück en besondere Situatione schleddere un et Schoss erushänge loße. Nem Langwieler ov Zömmelöm kann et Dollste passeere, ohne dat hä jet drus mäht. Villleich es et esu, dat nor die Alääte un Luuse op Draumstroße reise.

Et es noch nit esu lang her, do han de Kölsche ehr Stadtarchiv en ener Baukuul versenk. Dressig Regalkillometere Orkunde, Böcher un Akte us zweidausend Johr plumpschte bes an de dressig Meter deef en der Dress un löbbelte Rhingwasser. Tirek nevve ner geplante Haldestell vun der U-Bahn, die se ald zick Johr un Dag unger die schmal Gasse vun Kölle am Trecke sin. Wie su off, wann jet fleute geiht, spannte de Lück eets jetz, wat se verlore hatte, un finge aan ze jöömere. „De Schrefte vum Albertus Magnus fott? De kölsche Verfassung, der Verbundbreef vun drücksehnhundertsechsunnüngsig, kapodd? De Originalpartiture vum Ostermann singe Leeder futü? Öm Goddes welle! Wat för en Katastroph, wat för e Malheur!"

Schold sin well natörlich keine. All han se e rein Gewesse. Mer sprich vun hühterer Gewalt. Un ußerdäm – sage die, die schold sin künnte – su schlemm wör et jo och gar nit. Fünfunnüngsig Prozent vun däm aale Krom wör gerett, dun se behaupte. – God! Dat Mihste schwer lädeet un ramponeet. Ävver mer künnt et jo repareere. – God! De Reparature däte su an de dausend Millione Euro koste. Wäge su ner Kleinigkeit sollte mer sich ävver nit en et Hemp maache. Dat wör der Albertus Magnus allein baal ald wäät. – God! Wann eine allein sich draanmaache mööt, dat Gedöns widder en Schoss ze bränge, wör hä sechsdausendundreihundert

55

Johr oder esu domet beschäftig. Dat wör för eine e bessche vill. Ävver wa'mer mih Lück dran setze dät, künnt mer zweihundert Arbeidsplätz sechere. Üvver zwei ov drei Generatione. Su gesinn wör dat sugar noch en Arbeitsbeschaffungsmaßnahm för zokünftige Generatione. Die mööten eintlich noch dankbar sin, dat mer su för se sorge dät.

Bei däm Onglöck sin nor zwei Minsche ömgekumme. Secher! Zwei zevill. Ävver zoglich winnig. Nit uszedenke, wann sich de Ääd opgedon hätt, wie e paar Däg zevör der Rusemondagszog üvver dä Platz getrocke es. Die zwei heelte sich en däm Huus op, wat tirek nevven däm Archiv stundt. Wie dä Düüvel dä Aktebunker hollt, verlor et sing Stütz, ein Hälft broch zesamme un nohm die zwei Studente met erav en dat Bauloch.

Su wigg, su schlääch. Wie et sich gehoot, dät ich der Dud vun dä zwei jung Lück un dä Avgang vum sugenannte Stadtgedächnis ööntlich beduure. Ävver dat Debakel wor doch e Stöck vun mer fott. Daach ich winnigstens. Bes ich hoot, dat och der Käsbachs Drickes, wat ne Fründ vun mer es, ärg vun däm Unglöck betroffe wor. Nit lang noh däm Debakel besökten in e paar Hääre vun der Stadt. Se köme vum Bauamp, sahte se, un mööten im – su leid et inne dät – metdeile, dat sing Meedshuus, wat tirek nevve dä Ruin stündt un stonn geblevve wör, geräump un och avgeresse weede mööt.

Dä Drickes fällt us alle Wolke. „Wat, dat Huus avrieße? Mi Huus, wo sibbe Famillie dren wonne? Hat ehr ene Knall? Dat Huus es doch noch völlig entak. Do es doch üvverhaup nix draangekumme, wie dat Onglöck passeet es! Dat wöss ich. Dat han ich ungersöke loße. Nit genog, dat ehr de Lück met däm Dress-U-Bahn-Bau gepiesack hat. Jetz kutt ehr mir och noch met su nem Quatschverzäll. Met üürer Kalverei künnt ehr nem Blötschkopp op der Wecker gonn, ävver nit mir."

Nä, et wör inne dudääns, se mahte keine Boorejux, beteuere se. Se künnte nämlich die Nohberruin nit bes en der Keller avrieße, ohne singe Schobbe zo lädeere. Un dann loße se jet vun große Bagger, Avrissbirre un Erschütterunge vum Stapel. „Jo, wä kütt dann vör dat Huus un dä Meedverluss op?

Un wat soll üvverhaup met dä ärm Lück passeere, die en mingem Huus wonne?", wirf der Drickes en. För die Lück hätte se ald en Wonnung em Veedel parat. Un wat singe Verluss aangingk, do mööt hä sich met der KaVauBe usenander posementeere. Die hätten de Bauaufsich gehatt. Die Stadt selver hätt met singem Verluss nix am Hot.

Dä Drickes es ene godmödige Kääl, dä nix su leich us der Rauh brängk. Wie die lackeete Aape vun de Stadt ävver glichmödig su dun, als wör dat Ganze e Nonnefützche, steig op eimol su en Wod en singem Balg op, dat hä se huhkant eruswirf. Hä schängk esu laut, dat de Finsterschieve en de Nohberschhüüser klirre un die aal Frau Heuser vun nevvenaan meint, der Kreeg wör usgebroche, un aan ze schreie fängk. Met enem „Ungerstoht üch, jet an mingem Huus kapodd ze maache! Ich schecke üch der Düüvel op der Hals" wirf hä de Huusdür hinger inne en et Schloss.

En der Naach drop lööt die Sorg öm si Huus der Drickes nit schlofe. Hä driht sich vun einer Sigg op die ander un üvverläg, wat hä dun soll. Eets gäge Morge kritt hä de Kurv un och tirek ne Termin beim Geschäffsföhrer vun de KaVauBe. Dä emfängk in fründlich, hööt sich singe Kall aan un säht dann: „Nä, nä! Met üürem Huus ha'mer nix ze dun. Ävver wat maht ehr üch vör ene Kopp? Et es jo stonn geblevve. Ävver och, wann jet kapodd gegange wör, wöre mer nit zoständig. Dann sin de Baufirme am Zog." Un met enem „Et deit mer leid", komplementeet hä der Drickes erus.

Alsu de Baufirme! Ein noh der ander klappert der Drickes se av. Ävver all verklickere se im, met nix jet ze dun ze han. Es hä eets wödig gewäs, weed hä no wandrosig. Hä kütt gar nit mih dozo, en sing Hugg zoröck-zefahre, us dä hä erusgefahre es. Su es et e Glöck för die Kääls vun der Stadt, dat se sich, als se in widder besöke welle, vun nem Streifewage eskorteere loße. Woröm se köme? Se mööte för Verkehrssecherheit an dä Enstoozstell sorge. Doför mööt och si Huus – dat hätten se im jo ald verklickert – avgeresse weede.

Ävver se künnten im e god Aangebodd maache. De Stadt wör gewellt, im die Meed för die sibbe Parteie su lang zo bezahle, bes klor wör, wä die Katastroph op singe Puckel nemme un och för si Huus opkumme mööt. Dat künnt ävver duure.

Zick dä Zigg kasseet der Drickes Meed vun der Stadt för Wonnunge, die gar nit mih existeere. Hä hät sich beräuhig un es eintlich gar nit mih su unglöcklich üvver die Situation. Dann die Meed kütt pünklich. Nix geiht kapodd. Keine vun singe Meeder mokeet sich üvver große ov kleine Kleinigkeite. Un hä hät met nix mih jet am Hot. Dis Dag hät hä de Meed eropgesatz. Op dat „Woröm?" vun dä Stadtbüggele gov hä aan, hä wollt sing Meeder met enem neue Badezemmer beglöcke. Un die Stadt hät dat akzepteet. Villleich wollt se öm ne neue Strigg erömgonn. Bei all dä Prozesse, die se am Föhre es. Wat dä Drickes op dä Gedanke gebraht hät, en der nöchste Zigg et Treppehuus renoveere ze loße.

Neu Glocke
för der Hellige Laurentius

Zick Johr un Dag hatt die Faar vum Hellige Laurentius zo Kölle nor ein Glock. Die dät zo alle Aanläss lügge. Morgens, meddags un ovends, sonn- un fierdags, bei Daufe un Beerdigunge, Huhzigge, Bischoffsvisitte un ander Onglöck, för e paar Beispill opzezälle. Wä sich die Möh maht, en dä Toon ze steige, kunnt sinn, dat dat fröher nit su gewäs wor. Drei Plätz wore do verwais. Em Zweite Weltkreeg wore – wie mer sich verzallt – e paar Nazihanake gekumme un hatte drei Glocke vum Toon eravgehollt, weil se de Bronze för de „Vaterlandsverteidigung", wie se sahte, god bruche künnte. Jeder woss natörlich, dat se us dä Glocke Kanone mahte.

Dat die ein, die äldste usem Meddelalder, bovve blevv, wor däm domolige Pastur ze verdanke, dä sich dä brunge Hüng en der Wäg gestallt un gesaht hatt, op dä Glock stündt „God lovv ich, de Lück rof ich, de Dude bekriesch ich, de Fessdäg schmück ich, Himmel un Ääd bräng ich zosamme"; ov dat met däm, wat se us der Glock maache wollte, och bewerkstellige künnte. Zodäm wör die Glock däm Faarpatron, däm Hellige Laurentius, geweiht; ov se däm eine enscheppe wollte. Dat dät inne nit god bekumme. Die Glock krähte se nor üvver sing Lich. Un hä wör der Pastur un su jet wie dä Stellvertredder vum Laurentius.

Et wor beinoh e Wunder, dat hä am Levve geblevve wor. Hatte die brung Jöngelche Angs vör däm Hellige oder daachte se, dat die Lich vun nem Schwatzrock e schlääch Omen för en Kanon wör? Jedefalls troke se av – ohne die Laurentius-Glock un ohne dä Faarhäär zo massakreere.

Däm jetzige Sieletrüster log dat Fähle vun dä drei Glocke ald lang op der Siel. Ävver hä hatt ene klore, disziplineete Kopp, dä im vörschreff, wat der Reih noh zo passeere hatt: Eesch moote die aal Kirchemuure saneet wääde. Suur Wasser un Avgase hatt inne üvver de Johrhunderte ärg zogesatz. Doför röckte der Ääzbischoff de Grosche erus. Och för dä

Enneaanstrech kom hä op. Wie et ävver öm neu Finster un de Renovierung vun der Orgel ging, klappte hä singe Geldkaste zo. Doför sollt de Faar – „gefälligs" saht hä zwor nit, ävver mer kunnt et us singem Schrieve eruslese – selver opkumme. Un esu ging der Faarhäär bei singe Schöfche kötte. Et duurte fass zwei Johr, bes hä die Flüh för beids zosamme hatt. Hä moot am Engk de Siele doch ärg quetsche, för an ehr Moppe ze kumme.

Su wor et kei Wunder, dat et dä Faarmetgleeder zo vill woodt, wie hä och noch vun de Glocke aanfing. Ongerstützung fung hä nor bei dä Beddschwestere us dä eeschte Bänk. Die hatte zwor dä gode Welle, ävver leider winnig Nüsele. Dobei wollt dä Pastur sing Levvenswerk met dä Glocke kröne. Wat dun? Hä prakeseete un simeleete. Schleeßlich verkündte hä en der Sonndagsmess, dat hä ein vun dä drei Glocke selver un ganz allein spendeere dät. Hä künnt doför zwor bes zo singer Pensioneerung nit en Orlaub fahre und sich och söns nix mih gönne. Dat wör im die Saach wäät.

Wann hä no gehoff hatt, met singer Attack op de Tronedrüse der Geldbüggel vun singe Schöfcher opzefriemele, hatt hä sich fies en der Finger geschnedde. Dismol zeigte se im de kalde Scholder, un de Geldbüggele blevve zo.

Wie dat no su es, wa'mer sich ne Levvensdraum erfülle well, dä och noch ne hellige Hingergrond hät: Dä Sieletrüster hatt sich geradezo en singe Glockeplan verbesse. Ävver wie an die Grosche vun dä Lück kumme, wann die dä Duume drop heelte? Widder simeleete un prakeseete hä. Do feel im op eimol die Saach met dä Baustein en. Wie wör et, wann hä dä Lück Glockebaustein aanbeede dät? Jede Glockebaustein för fuffzig Euro. Mer mööt inne dä Enfall nor müngchesmoß ungerdäue un se met nem Leckerche locke. Nor wat för e Leckerche? Et durf nit ze düür un moot zoglich attrakteev sin, wat – wie mer säht – de Quadratur vum Kreis es. Hä froht dä Hellige Laurentius öm Rod. Doch dä schweeg eesch ens vörnähm, wie wann in die ganze Saach nix aanging. Nohdäm im dä Pastuur met enem änse Gebedd de Levitte gelese hatt, schung hä sich zo besenne. Denn medden en der Sonnsdagsprädig hatt dä geislische

Häär en Erleuchtung. Se braht in su en der Wall, dat hä vör luuter Oprä-
gung singe Sermon avbreche moot un de Beddschwestere us de eeschte
Bänk ald Angs hatte, in hätt der Schlag getroffe. Wie wör et, wann de
Steffter e glockeförmig Medallion us Bronze krähte? Vörre drop stündt:

„Glockesteffter
vum Hellige Laurentius
zo Kölle am Rhing
anno 2017."

Hinge drop dät de Figur vum Hellige Laurentius met singem Grillross us
leser un dä Märtyrerpalm throne. Su tritt dä Kääl jo op, zickdäm hä dat
eeschte Grillgod vun enem aale römische Kaiser woode es.

Un wirklich. Dat Glockemedallion woodt ene Renner. Et duurte nit lang,
do hatt dä Pastur dat Geld för de zweite neu Glock zosamme. Ävver för
die dretre Glock blevv su god wie nix üvverig. Wat dun? Gode Rod wor
düür. Hä daach ald dran, sich met dä zwei neue Glocke zo bescheide. En
Gelüggs met zwei neue un dä aal wor och nit zo veraachte. Ävver dann
feel im dä verwaiste Platz em Toon widder en. Un dat Motiv för de Lau-
rentiusglocke, wat im nit us däm Kopp ging, dat „Wachet auf!", klung
nor met vier Glocke. Nä, dä Zostand met drei Glocke wor im ärg zo-
widder. Sing Levvensaufgab wor eesch gedon, wann em Toon widder
vier Glocke hinge.

Alsu moot neu Geld her. Nor, woher nemme un nit stelle? Sing Gläubige
hatt hä em Name vum leeve Godd su avgemolke, dat do en nöchster
Zigg nix mih ze holle wor. Ävver wä söns kunnt die Moneete, die nüdig
wore, opbränge? Dozo feel im nix en, un och dä Hellige Laurentius heeldt
sich widder vörnähm zoröck. Met enem Kühm un winnig Hoffnung
maht hä sich üvver de Faarkartei her. Kunnt jo sin, dat sich doch noch
eine finge dät, dä hä bei singe Beddelaktione vergesse hatt. Un su wor
et och. Beinoh am Engk vum Alphabet un am dretre Dag – dat „dretre"
nohm hä wie ene Fingerzeig vum Hellige Laurentius op die dretre Glock –
stoss hä op dä Theisens Aloys, ne decke Buur. Dä hatt vör e paar Johr die
Bureweetschaff an der Nähl gehange un singe große Hoff zo Bauland

gemaht. Dat moot im Millione engebraht han. Wie hatt hä dä bei alle singer Beddeleie üvversinn künne? Bes im enfeel, dat hä dä aale Mann zick däm Dud vun singem Billa nit mih en der Kirch gesinn hatt. Un su wor hä im durch de Lappe gegange. Dä Kääl huuste noch immer en däm aale Buurehuus, allein un zoröckgetrocke. Höchste Zigg, in ens zo besöke.

Gesaht, gedon. Hä mäht sich op der Wäg. Un weil de Sonn schön schingk un en der Nator de Fröhlingsfärve explodeere, zo Foß – met singem Brevier ungerm Ärm. Dat Huus süht irgendwie avgekrempelt un verloße us, un op sing Kloppe passeet lang nix. Ävver Schwatzröck han, wann se lans de Dürre kötte gonn, ne lange Odem. Su bliev dä Pastur eifach stonn un röf av un zo nohm Aloys. Hä weiß jo, dat dä Kääl zo Hus es, dudsecher hinger der Pooz steiht un drop waadt, dat hä sich durch de Kood mäht. Et es e Spell wie beim Biamtemikado: Wä sich zoeesch bewäg, hät verlore. Dä Schwatzrock jedefalls hät Nerve us Iser.

Op eimol e Hemsche un Dremsche hinger der Dür. Dann en dönn, bröchig Stemm: „An der Dür kauf ich nix. Maht, dat ehr fott kutt! Söns kritt üch minge Hungk an der Fott."

„Dunnerlütsch", schüß et däm Faarhäär durch der Kopp, „dä es jo god opgelaht. Wie krige ich bei däm Minschefründ nor de Kier zo minger Glock ...? Hm,hm ... Villeich kritt mer in am beste mem Höhnerkläuche." – Dann laut durch de Dür: „Gode Dag, Herr Theisen. Ich ben et, üüre Pastur. Ich well üch ens besöke. Ußerdäm han ich jet met üch zo bekalle ..."

„Der Pastur sid ehr? Besöke wollt ehr mich? Goht mer fott! Mem Herrgodd stonn ich mich god, ävver met singem Foßvolk well ich nix ze dun han. Paafe kumme nor, wann se op Grosche us sin. Ich weiß, wat ehr vörhat. Ich weiß verdammp, wat ehr vörhat. Ehr hat et op minge Geldbüggel avgesinn."

Drop dä Sieletrüster: „Öm Goddeswelle! Dat litt mer ganz fään. Ich well üch ens ‚Gode Dag' sage un nevvebei e Geschäff vörschlage."

„E Geschäff? Wat dann för e Geschäff? Wann ehr dat Geschäff mem Herrgodd meint, dat schleeß ich tirek met im selver av. Dovör bruch ich keine Meddelsmann. Gode Dag!"

„No sid nit esu! Wat dät üür Frau sage, wann ehr mich, ne Stellvertredder vum leeve Godd, su avkanzelt un hee wie ne ärme Sock vör der Dür stonn loot? Se dät dat secher nit akzepteere. Villleich well se met üch nix mih ze dun han, wann ehr se – Godd hät se sillig – widdertrefft. Se wor su en fromm Siel un e god Minsch dozo."

Hinger der Dür weed et stell. Dann widder e Hemsche. Der Schlössel driht sich em Schloss, de Pooz klapp ne Spald op.

„Üvver dä Dürpel zo sin es ald", denkt dä Pastur, „de halve Meed", un tapp durch de dustere Dill hinger däm aale Mann her en de Stuvv. Dä häld sich nit lang met Schwaade op un rieß dä Sieletrüster met enem „Wat dann för e Geschäff?" us singem Spintiseere dodrüvver, wie ärmsillig doch Millionäre huuse künne.

„Wat för e Geschäff ich üch vörschlage? Villleich hatt ehr ald gehoot, dat de Faar drei neu Glocke aanschaffe well. Ich maach üch no dat eimolige Aangebodd, ein dovun ze kaufe. Zwei sin ald fott …"

„Un wat han ich dovun?", ungerbrich in dä Kääl.

„Denkt an üür Fräuche! Soll dat Billa sage: ‚Dä aale Knieskopp, Geld hät hä wie Heu, ävver keine Penning üvverig för en Glock. Wie dät ich mich üvver dä Glockeklang freue. E ganz Levve lang hät hä mich koot gehalde. Un jetz gönnt mer dä Ääzezäller noch nit ens nohm Dud e klein Divertissementche em Himmel.' Un wat es, wann et Billa däm Hellige Laurentius begähnt un dä et bedröv anluurt un it sich för singe Tünnes schamme muss? Ich sage der" – un domet hivv dä Pastur sing Stemm, wie wann hä op der Kanzel stündt: „Ne Geizhals un Penningsknüver es en Plog för die Lück nevven im, ävver e Vergnöge för sing Erve. Der Häär hät ald gesaht: Ih dat ne Riche en der Himmel kütt, geiht e Kamel durch e Loch vun ner Nihnol. Wells do, dat hä bei dir Rääch behäld? Es et der egal, ov et Billa noch jet met der zo dun han well, un dat en Iwigkeit lang?" En der Stuvv weed et eesch ens stell. Nor de Fleege ka'mer an de Finstere summe hüre. Leis un met gequetschter Stemm säht dä Buur dann: „Es god! Dat Geld för die Glock gevv ich üch. Ävver op die Glock kütt dä Name vun mingem Billa drop, för dat et och klor süht, dat ich för die Glock gelatz han."

Sing „Brucht ehr dat noch schrefflich oder wat es noch?" versteiht dä Pastur als zaate Wink, dat et Zigg weed, sich vun däm fründliche Zeitgenosse zo veravscheede.

Am Dag drop woodte die drei Glocke bei der Eifeler Glockegeeßerei en Opdrag gegovve, an nem Fridag öm fuffzehn Ohr, wann der Herrgodd de Auge zogedon hatt, wie gewöhnlich gegosse un hinge Aanfang Auguss för de Weih parat em Toon. Am zehnte Auguss, däm Gebootsdag vum Hellige Laurentius, sollte die vier Glocke zom eeschte Mol zosamme lügge. Zo däm Fessak wor die Faar met Mann un Muus, Kind un Kägel ungerwägs un sugar dä Ääzbischoff gekumme.

Ov dat no dä Grund wor oder dä tronesillige Opzog un dat gewaltige Spektakel, weiß mer nit. Jedefalls trof dä Theisens Aloys, dä dä Ääzbischoff persönlich als Steffter begröß hatt, jih dä Schlag. Un su fuhr sing Siel op dä Kläng vum Billa singer Glock en der Himmel op. Ich ben mer secher, dat et singe Kääl an der Himmelpooz freudig en de Ärm genomme hät.

Mood beim Zinter Tünn

I

Et wor en aadige Sonndagsaandaach gewäs. Der Schäfers Fädenand, Pastur vun singer Profession her, hatt et Allerhelligste, wie die geweihte Hostie bei de Kathole heiß, en der Monstranz om Altar usgestallt, för dat mer se vun alle Sigge sinn kunnt. Dat kom nit alle Däg vör. Ävver mer fierte jo et Patronatsfess, dat heiß der Gebootsdag vum Hellige Antonius, däm die Kirch en Ohßedörp geweiht wor. Bekannt un verihrt en Kölle als Ferkes Tünn. Vör dä, dä et noch nit weiß: Singe Name hät hä, weil e luuter met enem Ferke erömtrok un och luuter met im dargestallt weed. Dann hatt dä Sieletrüster – aangedon mem halvkreisförmige, wigge Fessmantel – die Monstranz huh gehovve, de Lück domet gesähnt un sich drop met singem Messdeener en de Sakristei vertrocke. Die winnige Gläubige – mihts aal Möhne – wore gegange, de letzte Orgeltön verklunge. Minscheleer log die Kirch no do. Nor noch en Weihrauchwolk schwävte wie e deck Sofakesse üvverm Chor un maht sich langksam en Richtung Orgelbühn dovun. Durch die enge romanische Finstere kroff dönn et letzte Spädnommedagsleech, un en der Fähnde kunnt mer de Autobahn hüre. Et klung wie dat Ruusche vun nem Wasserfall.

Op eimol Schredde. Durch die Kirch kütt der Schmitze Jupp, Organiss un Köster zoglich, klabastert. Hä hät op der Orgelbühn noch sing Note zoteet för die Huhzigg, die morge Meddag üvver de Bühn gonn soll. No schrömp hä op die Sakristei aan, för do däm geisliche Würdeträger us singe Kircheklamotte ze helfe.

Doch wat es dat? Ald för der Sakristeidür hürt hä e laut Stöhne. „Dat es doch die Stemm vum Pastur!", schüüß et im durch der Kopp. „Wat es dann met däm loss? Womöglich hät in – Speckbunn, die hä es – der Schlag getroffe. Dat kütt dovun, wa'mer friss wie ne Schüüredrescher un süff wie e Loch. – Doch nit su Gedanke en der Kirch!", wies hä sich selver ennerlich zorääch un stüß de Dür vum sakrale Ömkleideraum op. Dä geisliche Häär steiht vör däm Desch, wo die Messklamotte vum Köster us- un vun im avgelaht weede. Wat heiß „stonn"!? Hä hät Ovverkörper un Kopp op die Deschplatt gelaht un kääch, wat giss de, wat häs de. Dä Fessmantel mäht dat geisliche Faaß noch breider, sudat vum Desch kaum noch jet ze sinn es.

„Wat es met üch? Wie kann ich üch helfe?", röf der Kirchedeener. „Waadt ens, ich holl üch ne Stohl, för dat ehr üch setze künnt! ... Soll ich der Dokter rofe? Ich nemme üch zoeets ens der Fessmantel av. Wat maht ehr och för Sa...?!"

Wigger kütt e nit. Met enem „Ungerstoht üch! Et es nix. Blievt mer vum Liev! Glich geiht et mer besser. Haut av! Ich well allein sin", ungerbrich in dat geisliche Faaß.

Dä Schmitz schreck zoröck. „God", denk e, „wie de meins, leeven Häär. Jeder muss wesse, wat hä deit. Ich spille nit et Kindermädche vun nem Schwatzrock." Domet trick hä de Dür hinger sich zo.

Däm Pastur si Kääche hät hä ävver noch em Uhr, wie e die Kirch verloße hät. Su lööt in der Gedanke an singe Deenshäär nit loss. Hä mäht sich – hä kann et kaum selver gläuve – wirklich Sorge öm dat geisliche Fettspektakel. Wie hä ovends der Angelus lügge un die Kirch avschleeße well, stüürt hä zoeesch op de Sakristei aan. Hä läht et Uhr an die Dür. Et es räuhig, kei Kääche mih ze hüre. Irgendwie beräuhigt in dat.

Die Rauh es ävver glich futü, wie hä die Klink vun der Sakristeidür eravdäut un merk, dat die Pooz nit avgeschlosse es. „Do soll doch der Düüvel ...!", murmelt hä wödig. „Hät dä fette Ohßekopp verhaftig vergesse, de Dür avzeschleeße." Hä stüüß se vörsichtig op. Em eetste Augebleck kann e nix sinn, weil et zo düster es. Dann fällt singe Bleck op ne Kleiderhaufe, dä medden em Raum om Boddem litt. Hä knips et Leech aan, un do bliev im beinoh et Hätz stonn. Om Boddem litt ene mächtige Fleischbirg, in däm hä singe Deenshäär erkennt, un röhrt sich nit.

„O do leever Godd! Jetz hät der Fädenand doch der Schlag getroffe", röf e, braselt met ziddrige Finger sing Handy us der Täsch un wählt de Nummer vun der Feuerwehr, för dat die ne Krankewage un ene Aaz nohm Hellige Tünn en der Ohßedörper Haupstroß schecke. Hee en der Sakristei lög der Pastur, dä schingks der Schlag getroffe hätt. Ov hä noch levve dät, künnt e nit sage. Röhre dät e sich jedefalls nit mih.

Der Köster Schmitz bliev en der Sakristei, ovschüns in en ennere Stemm penetrant drängk, eruszerenne un dä Kääl allein ze loße. „Ävver", denk e, „et künnt jo sin, dat e noch am Levve es, un allein loße well ich in nit." Die stell Kirch es im op eimol gruselig. Su bliev e zwesche Dürpel un Angel stonn un luurt baal op singe Deenshäär, baal en de düstere Kirch. Der Pastur litt verdriht halv om Buch, halv op einer Sigg. Met däm wigg opgeresse Mungk, us däm de drette Zäng e Stöck erusgerötsch sin, süht hä wie ne Karpe om Drüge us, dä grad opgehürt hät, noh Luff ze schnappe. Komischerwies hät hä der Fessmantel noch immer om Liev. „Wann do dud bes, häs de ald de richtige Klamotte för ding Beerdigung aan", flöstert e. „Der Mantel steiht der wirklich god, un esu künns de wie ne Föösch en de Iwigkeit entrecke."

En der Fähnde dann dat Tatü-Tata vum Rettungswage. Dä Wage stopp vör der Kirch. Dä Sireneton brich jih av. Dann Rappele an verschiedene Dürre, bes die Mannschaff endlich die gefunge hät, die unverschlosse es. Vier Kääls, die sich als Sanitäter un Nudaaz entpoppe, kumme em Laufschredd samp Drag durch de Kirch un störme de Sakristei. Do weed et jetz eng.

Der Nudaaz fällt nevve dem Pastur op de Knee. Alldiewiel hä der Puls föhlt un de Bruss avhorch, es et su stell em Raum, dat mer en Nihnohl falle hüre künnt. En Zigg lang bliev e stomm. Dann schöddelt hä der Kopp, steiht op un säht lakonisch: „Dud! Do ka'mer nix mih maache. Ich kann nit sage, wodran e gestorve es, ävver dud es e, dat steiht fass. Em Krankewage bruche mer in nit mih metzenemme." Dann an de Adress vun de Sanitäter: „Ävver läht in öntlich op der Rögge, för dat et Beerdigungs-institut in jet bequämer ensammele kann." Die versöke, dä Körper op der Rögge ze drihe. Dat gelingk eets em drette Aanlauf, weil dat Hundertfuffzig-Killo-Fleischgebirg wie ne riesige Waggelpudding reageet. Endlich geschaff. Doch wat es dat? Jih springe se op un erstarre. Inne es der Plaggen engeschlage. Se han dem Dude singe Kopp em Visier. Op dä Sigg, die om Boddem geläge hät, es e ärg engedötsch un wies ne große, blodig-blaue Fleck op. Jetz weed och dä kleine Blodpohl sichbar, dä vum geisliche Ohßekopp besher verdeck woode es. „Do ha'mer wall de Dudesorsach", konstateet der Dokter drüg. „Ävver dat muss noch en der Pathologie genauer ungersök weede. Ich wett drop, dat es ne gewaltsame Dud gewäs."

„Ne gewaltsame Dud en der Kirch? Dat gläuven ich nit", wirf der Köster Schmitz en. „No hürt ävver op", protesteet der Aaz, dä jet kirchefään ze sin schingk. „Loot üch doch em Goddestempel ens öm. Ich kenne keine Oot, en däm su vill Dude un Moodwerkzeuge ze sinn sin wie en de hellige Bude vun de Kathole. Krütze zehauf, an denne eine opgehange es, Schwääter, Lanze un Metzer, Kääls ohne Kopp ov vun Feile durch-bohrt, Fraulück met avgeschnedde Brüste. Fähle nor noch Pistole un Granate. Dann wöre mer en der Jetzzigg aangekumme. Ich han ald luuter drop gewaadt, dat su jet wie hee passiere dät. Dudsecher hät eine dä Pastur dudgeschlage, sagen ich üch. Am beste go'mer jetz all us der Sakristei. Dat es ene Tatoot. Do dürfe mer kei Spure verwesche."

Der Köster es ganz Protess: „Dat gläuven ich nit. Dä Pastur hät ne Hätz-schlag kräge, es ömgefalle un hät sich dobei der Kopp opgeschlage. Hä wor zwor keine Hellige, un ich hatt och ald ens Knies met im. Ävver Pastur es schleeßlich Pastur. Wä schläht dann ne Pastur dud? ... Un dat och noch en ner Kirch? ... Un woröm?"

Dat sin och die Froge, die der Sowaschs Schäng ömdrieve. Der Sowaschs Schäng hät französische Vörfahre. En der kölsche Franzusezigg annopief hätt, su erklärt hä luuter singe Name, ne französische Scherschant bei nem kölsche Mädche ne Louis aangesatz un sich donoh elegant durch de Kood gemaht.

An der Dür vum Schäng bei der Kripo en Kalk steiht „Sauvage, sprich Sowasch", un dodrunger „Kommissar". Wann in ävver eine „S a u v a g e" röf, weed e falsch. Övschüns hä an disem Sonndag keine Deens hät, es e do. Der Nudaaz es zofällig ene gode Fründ vun im un hät in kooterhand aangerofe. Un weil hä öm de Eck wonnt, es hä och fuffzehn Minutte noh däm Aanrof do. Zoeets ungersök hä der Kopp vun der Lich, stellt ävver nix anderes fass wie dä Aaz. Die Sanitäter rolle der geisliche Rollmops no doch op die Drag un maache sich met Kääche un Küüme – hundertfuffzig Killo sin schleeßlich keine Pappestill – op Befähl vum Kommissar noh der Pathologie vun de Uniklinike dovun.

Alldiewiel der Kommissar op de Spuresecherung waadt, ungersök hä vörsichtig ald ens de Sakristei. Ävver hä fingk nix, wat op ne gewaltsame Dud vum Sieletrüster hinwiese dät. Un och kein Stell, wo sich der Pastur beim Falle der Kopp opgestuße han künnt. Nor en Kääz hät sich en ner Eck verkroche, die wall dem Köster irgendwann ens erungergefalle es.

Op eimol ne Schrei us der Kirch. Dä Köster es drusse em Altarraum grad dobei, die Monstranz, die noch immer om Altar steiht, fottzerüüme un wies met ziddrige Finger op die Altardeck. Zoeets weiß der Poliziss nit, wat dä Kääl su verschreck, ävver dann süht hä et. Et es ne Leuchter us Messing, op däm die Kääz fählt. Hä süht och söns anders wie die Altarleuchter us. Dat es ävver nit dat, wat dä Mann verschreck hät. Dä Kääzeleuchter steiht op nem rude Fleck, dä vermodlich vum Leuchter stammp. Denn beim Nöhergonn süht hä, dat och der Leuchterfoß blodig es.

„Nit aanpacke", röf e dem Schmitz zo, dä noh däm Leuchter grief, wall för in avzeputze. „Do ha'mer, do wett ich drop, dat Dinge, wat zo däm Loch em Kopp vun üürem Pastur pass. Dä es also doch dudgeschlage woode un der Leuchter hee dat Moodinstrument."

Zofridde met sich – die Antwood op et „Womet" hät hä ald gefunge; fählt nor noch, denk e ironisch, en Kleinigkeit,die Antwood op dat „Wä" un „Woröm?" – check hä us, wie de Spuresecherung aangedanz un vun im ungerwise woode es. Nit ohne der Köster för der nöchste Morge op et Kommissariat noh Kalk zo bestelle. Wann dä villeich och nit der Täter es, ne wichtige Zeuge es hä allemol.

Mood beim Zinter Tünn
II

Am nöchste Morge lööt hä sich telefonisch vun zo Hus dä Fall üvverdrage un läuf ald fröh em Polizeihaupquarteer en Kalk en. Schlääch gelaunt. Dodran sin de Zantping schold, die sich en der Naach engestallt han. Un der Express. Op der eetste Sigg der Opmaacher: „Mood beim Ferkes Tünn en Ohßedörp – Pastur dat Offer". Wä hät dann widder sing Schnüss nit halde künne? Immer wann su ne Artikel op der Maat kütt, erwaade de Lück, dat de Polizei ald ovends der Täter om Tablett serveet, wann am Morge eine öm de Eck gebraht woode es. En der letzte Zigg es dat e paar Mol passeet. Hä muss der Saach ens op der Grund gonn.

Vum Ärger kritt och der Köster Schmitz jet ze spöre, dä ald vör der Bürrodür setz, wie der Sowaschs Schäng enläuf. „Alsu, Herr ... Wie es noch glich üüre Name? ... Aha! Schmitz! Alsu Herr Schmitz, ehr sid der Vörletzte, villeich sugar der Letzte, dä der Pastur lebendig gesinn hät. Wat saht ehr dozo?"

Eets begrief der Schmitz nit, dann ävver springk hä vun singem Stohl huh. „Wat wollt ehr dann domet aandügge? Ich soll ne Mörder sin? Un dann och noch vun nem Pastur? Et deit mer leid. Ävver ehr hat nit mih alle Tasse em Schaaf stonn. Gewess! Ich han in öm aach Ohr gefunge. Hä hatt Mungk un Auge wigg opgeresse un hät mich aangesinn, wie wann hä noch lebendig wör. Ävver, wie ich ald gesaht han, hä röhrte sich nit mih. Dat es alles, wat ich weiß."

„No setzt üch eets ens widder hin! Mer sin hee nit op der Fluch. ... Oder?" Der Kommissar waadt ene Momang, wie wann hä däm Mann en Geläge-heit gevve wöllt, dä Mood zo gestonn. Wie dä nix säht, mäht hä wigger. „Et es noch nit alles. Wann hat ehr dann üüre Deenshäär zoletz lebendig gesinn?" Met enem Kühm nimmp dä Kirchemann widder Platz. „Dat wor, wie die Aandaach am Engk wor. Dat es zemlich genau su öm sechs Ohr gewäs. Dann de Kirchtoonohr schlog grad. Die Aandaach hät öm fünfohrfuffzehn aangefange un en Dreiveedel Stund geduurt." „Alsu", konstateet der Kommissar, „hät eine tösche sechs un aach Ohr üüre Pastur öm de Eck gebraht. Hat ehr dann keine en dä Zigg en ov an der Kirch gesinn?"

„Nä, wie ich koot noh sechs vun der Orgelbühn eravkom, wor die Kirch leddig. Ich han natörlich nit en jede Eck geloot. Woröm sollt ich och? Wann sich allerdings eine hätt verstecke welle, wör dat möglich gewäs. För e Beispill em Bichstohl ov hingerm Altar ov unger ner Kirchebank oder esu. Un en der Sakristei wor och keine. Dat han ich genau gesinn. Schleeßlich es dat e Kabuff, un dat woodt beinoh ganz vum Pastur sillig beaansproch."

„Un öm aach Ohr, wie ehr de Kirch avschleeße hat welle?" „Ich wor su gäge fünf vör aach en der Kirch, för se avzeschleeße un zevör der Angelus ze lügge. Do wor och keine en ov vör der Kirch. Winnigstens han ich keine gesinn!"

Der Kommissar denk ne Augebleck noh, schöddelt dann der Kopp un säht: „Wann ich et su vun alle Sigge besinn, blievt ehr minge einzige Tat-verdächtige. Keine hät üch gesinn." „Dat es och nit möglich, weil ich och keine gesinn han", fäht der Köster op. Ungerührt mäht der Kommissar wigger. „Dat einzige, wat üch entlaste deit, es, dat ich bei üch kei Motiv erkenne. Noch nit! Ävver hat ehr nit söns jet gesinn ov gehürt. Oder fällt üch noch jet en, wat ußergewöhnlich es?"

„Wo ehr dat grad saht met däm „ußergewöhnlich", fällt im opgeräg der Köster en et Wood, „wie ich noh der Aandaach op de Sakristei zostüüre, han ich gehoot, wie minge Pastur am Kühme un Kääche wor, wie wann hä große Ping hätt. Hä log mem Ovverkörper op der Deschplaat. Ävver en Verletzung hatt e kein. Winnigstens nit üßerlich. Hä drog noch der Fessmantel, ävver wollt nit, dat ich im dä avnohm. Üvverhaup wollt hä, dat ich ging. Hä köm allein zorääch. Baal ging et im god. Do ben ich avgehaue. Et nöchste Mol, wie ich in soch, log hä met singem Fessmantel op der Ääd un röhrte sich nit mih. Ihrlich, su wor et! Ich schwör et, Herr Kommissar."

Der Kommissar nimmp der Schwur met Pokerface zor Kenntnis un mäht wigger. „Do fällt mer jet en. Saht, Herr Schmitz, es et bei üch Kathole nit esu, dat der Pastur vörm Altar nit allein erömläuf, sondern luuter e paar Pänz bei sich hät, die im et Weihwasserdöppe nohdrage oder et Weihrauchscheffche schwenke? Bei ner feierliche Aandaach mööt doch winnigstens eine dobei gewä...“

„Do hat ehr ganz rääch, Herr Sauvage, ich mein, Herr Kommissar. Mer hatte ne Messdeener dobei. Nor eine. Ne kleine Quos, su an de zehn Johr ald. Wie heiß dä noch glich? Ah su, ich weiß et! Pitterche. Peter Lamsfoß, e Füssche. Dis Johr es dä Jung metgegange.“

„Wat heiß dat dann ald widder? ‚Metgegange‘! Met wäm dann? Wann dä metgegange es, wor dä dann am Sonndag üvverhaup do?“

„Ich sag et üch doch. Natörlich wor dä Jung am Sonndag do. ‚Metgegange‘ heiß, hä es en disem Fröhjohr zor Eetste Hellige Kommelion gegange, wann üch dat jet säht.“

Der Kommissar üvvergeiht die Spetz. „Wo es dä Jung dann avgeblevve? Ehr hat doch gesaht, en der Kirch un en der Sakristei wör kei Minsch gewäs, wie ehr gegange sid.“

Der Köster üvverläht: „Nä! Hä wor ald fott, wie ich en de Sakristei gekumme ben. Hä hät secher flöck sing Montur avgeworfe. Do fällt mer en, die han ich jo och en der Sakristei gefunge. Komisch nor, en ner Eck zosammegeknüllt. Dat süht däm eintlich gar nit ähnlich, wo hä doch ne Akkurate es. En wat för ner Schull dä es? Weiß ich nit. No loot mich gonn. En ner Stond han ich op ner Huhzigg ze spille. Dat es wichtiger wie ne Dude. Et Levve geiht wigger.“

Domet darf hä gonn, nit ohne dat im der Poliziss opgelaht hät, Kölle en de nöchste Zigg nit zo verloße. Hä wör luuter noch singe Verdächtige Numero eins, weil dat hä der einzige wör.

Weil et no noch fröh am Morge es, mäht sich der Kommissar dodran eruszekrige, wie e an die Adress vum kleine Lamsfoß-Füssche kütt. Der Pastur es dud und litt en der Pathologie. Dä kann e nit mih froge. Ävver jede Faar hät jo e Faarbürro. Vun singer Assistentin met däm schöne Name Kordula lööt hä sich de Nummer erussöke. Wie e ävver do aanröf, springk de Telefonaansag aan. En huh Fispelstemm schnaddert: „Uns Bürro es mondags geschlosse. Wann ehr uns erreiche wellt, roft aan ...“ Do ka'mer nix maache. Och der leeve God mäht ald ens Ferie. Et Telefonboch brängk in och nit wigger. Die Lamsföß han entweder kei Kinder oder sin nit do. Wat maache? Villleich wesse die Grundschulle en Ohßedörp jo jet. En der drette weed hä fündig. De Rektorin gitt die Auskunf, dä Jung wör zwor hee op de Schull gegange, ävver no om Gymnasium. ... Op welchem? ... Künnt se nit sage. ... Die Heimatdress? ... Momang! ... Ohßendörper Stroß 97, tirek nevve der Kirch vum Hellige Tünn. ... Danke! ... Bitte! ...

Hä nimmp sich vör, dä Jung am Nommedag zo Hus opzosöke. Die Zigg dozwesche well hä nötze, nohm Zahnaaz ze gonn, dä in vun singer Zantping befreie soll. Komisch, dat in die genau en däm Momang aangefalle hät, wie e beim Ferkes Tünn opgelaufe es. Dä Aaz mäht in ävver su fäädig, dat im de Loss am Arbeide vergeiht. Alsu verschieb hä dä Besök op der nöchste Dag.

Mood beim Zinter Tünn
III

För der Sowaschs Schäng fängk der neue Dag widder bedresse aan. Met Zantping. Der Besök beim Zahnklempner am Vördag hät su god wie nix gebraht. Hä wirf en Schmerztablett en un mäht sich op der Wäg noh singer Deensstell. Winnigstens hee ne Leechbleck. Op singem Schrievdesch fingk hä ald die Nachrich usem Kriminallabor, dat dä Kääzeleuchter vum Altar dat Moodinstrument wör. Dat Blod am Leuchterfoß dät vum Dude stamme. Un bovve an der Spetz vun dä Funzel hätten se Fingeravdröck vun nem Unbekannte gefunge. Die mööte ävver noch verifizeet weede. Do hätt der Mörder der Leuchter aangepack.

„Wenn et läuf, dann läuf et", denk der Kommissar un lööt ald em Geis der Köster för de Fingeravdröck aandanze. Wann e Glöck hät, es domet der Fall gelös. Op eimol fällt im och die Kääz en, die e en ner Eck vun der Sakristei gefunge hät. Wie dä Mörder zogeschlage hät, es die Kääz wall vum Leuchter, dä, wie der Köster gesaht hät, en der Sakristei stundt, eravgeschleudert woode. Alles pass.

Dann kütt och noch sing Kordula un brängk im dä Berich vum Dudeopschnigger. Donoh es der Pastur wirklich noh nem ärge Schlag op der Kopp en de iwige Jaggründ gewählt. Et mööt zwesche sechs un sibbe passeet sin. Zo dä Verletzung dät ne schwere, runde Gägestand god passe. En der Wund hätt mer ußerdäm Spure vun Kääzewahß gefunge. „Ävver Schäng, jetz hald dich fass! Jetz kütt et. Dat hälds de nit för mügelich. Dat es ene Knaller."

De Assistentin mäht en Puus, bes se secher es, dat der Schäng och richtig zohürt. „Wie se dä Sieletrüster am Ustrecke sin, stelle se fass, dat die schwatze Botz vun däm wigg op steiht un dat hellige Glidd erusstipp. Dä Pastur hatt, als hä dud geschlage wood, ene Stieve. Stämmig un pielgrad dät e us der Botz rage, han se gesaht. Un ne Orgasmus hätt e och gehatt. Denn se han Someflössigkeit an im gefunge. Un Seiver vun ner andere

Person. No stell der dat ens vör! Beim Ferkes Tünn es der Pastur als Ferke ungerwägs gewäs. Wenn die Zeidunge dovun Wind krige, dat gitt ene Skandal, dä sich gewäsche hät, kann ich der sage."

„Hald bloß ding Schnüss", fäht der Kommissar se aan, „ich kann de Press nit bruche, bes ich der Fall opgeklärt han. Wann et ming Zantping zolööt, kumme mer och vöran. Bes esu god un bestell der Köster Schmitz för hügg Nommedag heeher, för dat mer vun im de Fingeravdröck nemme! Ne Seivertess maache mer och noch. En der Zweschezigg well ich mer dä Fall noch ens durch der Kopp gonn loße."

Et Kordula kennt dat, wann hä sing Gedanke stivvele un zoteere well, mäht im, ohne noch jet ze sage, en Tass Kaffee fäädig un trick de Dür hinger sich zo. Hä stipp die Schohn op singe Schrievdesch, schlüüß de Auge, un lööt sing Gedanke schweife.

„Mer well et sich jo nit vörstelle. Ohne Zwiefel hatt dä Schwatzrock koot vör singem Dud Geschläächsverkehr. Ävver met wäm? Un wo? Oder hät e Onaniss gespillt? Ävver woröm dann en däm hellige Kabuff. Eifacher wör dat doch zo Hus em stelle Kämmerche. Es e noh der Aandach üvverhaup us der Sakristei erusgekumme? Wann jo, woröm sollt hä dann widder zoröckgegange sin? Ihter es et esu, dat dä ganze unhellige Vörgang en däm hellige Kabuff passeet es un eine bei im wor. Richtig! Wo han ich minge Kopp?! Doför sprich jo och dä Seiver am sakrale Reeme. Mer muss also nor noch dä oder die finge, dä oder die dä Kääl bedeent hät. Es dat dieselve Person wie der Mörder oder han ich et met zwei Persone ze dun?"

Froge üvver Froge! Hä föhlt sich wäge dä Brisanz vun däm Fall unger Drock. Et hellige Köln un dann su jet. Ävver hä hät jo Goddseidank e paar Fäddem, an denne hä trecke kann. Jetz es et an der Zigg, en To-do-Liss ze maache.

Eetstens dem Köster sing Fingeravdröck nemme un ne Seivertess bei im maache. Sin nor sing Fingeravdröck op däm Leuchter, sprich beinoh alles doför, dat e der Mörder es.

Zweitens fassstelle, wä der Pastur sexuell bedeent hät. Och dat künnt der Köster gewäs sin.

Drettens kläre, ov eine su ne Roches op der Pastur gehatt hät, dat e in dudschlage kunnt. Im fällt dobei nor der Köster en.

Veetens dä Messdeener, et Lamsfoß-Füssche, befroge, ov dat jet gesinn hät, wat zor Opklärung beidrage künnt.

Wann hä et richtig süht, sin der Küster Schmitz un der kleine Messdeener die wichtigste Spure. Hä künnt zefridde sin. Der Fall es wärm. Wann in nor nit die Zantping quäle dät. Su sök e widder singe Zahnklempner op. Ävver dä säht, hä hätt alles geröng un nix gefunge, wat Orsach för die Ping sin künnt. Villleich Stress oder jet anderes, jet Psychologisches? Der Kommissar well däm Gebessrestaurator nit op de Nas binge, dat e sich die Ping genau en däm Momang engefange hät, wie e der dude Schäfers Fädenand kenne gelihrt hät. Su mäht hä sich widder op der Röckwäg noh singem Bürro.

Mood beim Zinter Tünn
IV

Öm zwei klopp et beim Sowaschs Schäng an der Dür. Der Köster Schmitz es pünktlich wie de Müürer, die exak om zwölf Ohr ehr Kell falle loße, för Puus ze maache. Hä schingk jet bekömmert ze sin. Verständlich, wa'mer bedenk, woröm e hee es. Dat Geschäff met im geiht flöck üvver de Bühn, un zo verzälle weiß e och nix Neues. Su mäht sich der Kommissar op de Söck noh Ohßedörp. Dismol begleitet in sing Assistentin. Se fahre met der Stroßebahn. Dat es der Assistentin ehr Idee, die meint, dä Klein un si Eldere wöödte verschreck, wann se met ener Polizeikaar vör der Dür vörfahre däte. Fraulück kumme schingks ihter op su jet, un der Sowaschs Schäng hät gelihrt, op su jet ze hüre. Dat kann nit jeder. Denn et koss ne Mannskääl ald ens Üvverwindung, ne Fraulücksrod aanzenemme.

In der Ohßendörper Stroß 97 weede se och fündig. De gesökte Lamsföß wonne verhaftig hee. Ävver dä kleine Fuss lög, säht de Moder an de Dür, zick Sonndagovend met huhem Feever en der Lappekess un wör nit aansprechbar. Woröm, wöss se nit. Su fahre se, ohne jet bewerkstellig ze han, widder öm. Dismol mem Taxi.

En Kalk ne zweite Deefschlag. Et Labor gitt durch, dat se op däm Kääzeleuchter zwor Avdröck vun Greffele gefunge hätte, ävver nit die vum Köster. Un dä Seiver vum geislliche Stieve dät och nit vun im stamme. Der Köster es usem Schnieder.

Et Kordula, en Siel vun Minsch, well der Kirchedeener nit länger schmore loße. Doröm röf et in aan un deilt im met, dat sing Unschold bewese wör. Dä Kääl klimmp beinoh durch et Telefon un springk im öm der Hals. Su fruh es e. Ov no us Dank oder weil im de Freud singe Kopp durchenein gerappelt hät, kütt hä noch eimol met der Story, die e ald ens verzällt hät, wie wann die neu wör: „Mir es och noch jet engefalle. Wie ich am Sonndagovend op de Sakristei aanstüürte, wor der Pastur am Stöhne un Kääche, wie wann e große Schmätze hätt. Ävver helfe loße wollt hä sich nit. Hä hät mich suzesage erusgeschmesse, un dat us mingem eige Arbeidsbereich. Künnt ehr üch dodrop ene Reim maache?"

Dä fällt dem Kommissar dismol en, wie et Kordula im dat verzällt. „Mänchmol es et god, en Story zweimol ze hüre", meint e. „Üvvrigens! Lo'mer sinn, dat mer et Lamsfoßens Pitterche morge fröh noch ens besöke. Dä Jung geiht, krank wie e es, secher noch nit en de Schull. Ußerdäm müsse mer erusklamüsere, wä en dä Sonndagsaandaach wor. Der Täter kütt, do ben ich mer beinoh secher, us dä Besökerschwitt. Villleich kann uns do et Faarbürro helfe. Rof doch do ens aan!"

Et Kordula hät Glöck. Dismol es dat Telefon besetz. Dat Bürromadämche wor sugar selver en der Aandaach, weiß, wä do wor, un versprich, en Liss met dä Besöker ze schecke.

Dem Kommissar trick sich der Nommedag wie ne Kaugummi en de Längde. Hä hät dat Geföhl, dat dä Fall baal an singem Engk aangekumme es. Zodäm wähß der Drock vun usse. Wie gewöhnlich kann singe Vörgesetzte, der Kriminaldirektor Pefferkoche, nit verstonn, dat dä Fall noch luuter op der Häädplatt steiht. Ävver hä es jo och ald zig Johr usem operative Geschäff. Dä penetrante Reporter vum „Der Morgen" röf och widder aan un well wesse, wä dä Pastur no öm de Eck gebraht hät, un lööt sich kaum avwimmele. Ganz esu penetrant es der Sprecher vum Ääzbischoff nit. Un hä hät in och flöck vum Hals. Wie hä däm nämlich verklatüstert, wat se besher erusgefunge han, läht dä Kääl verbasert op, öm noh zehn Minutte widder aanzerofe un ze froge, ov der Herr Kommissar secher wör, dat dat met däm Schäfers Fädenand stemme dät. Üvverschattet weed der Nommedag durch die Zantping, gäge die och kaum noch en Tablett hilf.

Noh ner schlääch verbrahte Naach, en dä hä kaum en Aug zogemaht hät, läuf hä morgens widder schlääch gelaunt en singer Deensstell en. Hä knöttert sugar et Kordula aan, wat im fruh gelaunt un aadig zorääch gemaht ene Kaffee brängk. Dat weiß in ze nemme, säht nix zo dä Knötterei un rödt im stattdesse, ens der Ferkestünn met enem Gebedd aanzerofe. Dä wör ene Nudhelfer gäge Ping. En mänch Goddestempele künnt mer an singer Statue sugar ene Zih erusdrihe un met däm die wihe Stell bestriche. Koot drop wör de Ping fott. Mer mööt ävver oppasse. Et künnt sin, dat eine zevör domet sing Hämorrhoide behandelt hätt. Dat wör dann Pech.

Der Sowaschs Schäng meint drop, et sollt die Kalverei loße un stattdesse en Zivilkaar ordere, för noh Ohßedörp ze fahre. Wie se en der Ohße-dörper Stroß bei de Lamsfoßens aankumme, dräg hä singer Assistentin op, met däm Jung ze spreche. Widder well de Moder se an der Dür loss weede. Ävver dismol loßen se sich nit avwimmele un bestonn op nem Gespräch met däm Füssche.

Dä Klein litt em Wonnzemmer om Sofa. Wie se erinkumme, drieht hä inne ostentateev der Rögge zo. Et Kordula begröß in fründlich: „Hallo, Pitter, ich ben et Kordula un Polizistin. Loor doch ens, wie ich ussinn!" Kein Reaktion. „Ich drage och en Pistol bei mer. Wells de die ens beloore?"

Dat Füssche drieht vörsichtig singe Kopp un schielt noh dä Pistol. „Häs de ald eine domet dud geschosse?" „Nä, dat nit. Ävver wann ne Verbrecher die süht, weed e glich jet vörsichtiger, lööt sich, ovschüns ich en Frau ben, wellig verhafte ov fängk vun sich us aan ze schwaade."

„Ich han kein Angs vör dir un well der och nix verzälle." „Häs de dann jet zo verzälle?" Kein Antwood. „Süch ens, Pitter, dinge Pastur es dud. Un dä Mörder läuf noch eröm. Un de Polizei weiß nit, wä dat es. Soll dä dann kein Strof krige? Dann kräht och dä Pastur em Dud kein Rauh."

„Dat wör ävver de geräächte Strof för dä." „Wiesu? Wat hät hä dann verbroche, dat do esu falsch op in bes? Do bes doch singe Messdeener." „Messdeener! Ich well keine Messdeener mih sin. Nie widder! Dat es schrecklich." „Wat es schrecklich?" „Wat mer dann dun muss." „Wat muss mer dun?" Kein Antwood. Et Kordula denk ne Augebleck noh. Dann frög et: „Wo wors de eintlich noh der Aandaach am Sonndag?" „Ungerm ... Desch. Hä hät mer befolle, unger der Desch ze kruffe. Un dann moot ich im widder singe..."

Dä Klein verstummp un brich en Trone us. Die Moder, dä bei ehrem Sonn singem Verzäll der Plaggen engeschlage es, misch sich no en dä Klaaf: „Jetz es ävver Schluss! Seht ehr nit, wie dä ärme Jung ligg? Wat dot ehr im aan, wo dä su krank es? Ußerdäm gläuve ich nit, wat e säht. Dat es secher en Feeverfantasie!"

„Nä, Mama, dat es wirklich wohr. Ich wollt der dat ald luuter gesaht han. Ävver hä hät mer gedroht, dann köm ich en de Höll. Ne Pastur dürft mer nit verrode. Dat wör en Dudsünd." „Häs de dann", misch sich et Kordula widder en der Kall en, villleich ungerm Desch metkräge, wä en de Sakristei gekumme es?"

Dä Klein denk noh. „Zoeesch kom der Köster. Ävver der Pastur hät in erusgeschmesse." „Un dann?" „Un dann, un dann! Jo do ging op eimol de Sakristeidür op. Grad en däm Augebleck, wie et däm Pastur ... gekumme es ... un ich ungerm Desch am Eruskruffe ben. En Frauestemm saht: Herr Pastur, ich han et vergesse, ich wollt en Mess bestel... Wat maht ehr dann do? ...Un dann hoot ich 'Do aal Sau, un dann och noch met nem kleine Jung!' Dann e Klirre. Dann ne dumpe Schnav, wie wa'mer en e Sofakesse haut. Der Pastur hät ärg gestöhnt, ävver anders wie zevör. Dann schlog de Sakristeidür zo."

„Häs de dann gesinn, wä dat wor?", fróg de Polizistin gespannt. „Nnää ... jo! Nit genau. Et wor jo ald jet düster. Ävver die Stemm kom mer bekannt vör. Et wor die Frau, die luuter en der Kirch en der eetste Bank op der Frauesigg kneet. Se bedd esu laut, es zemlich deck. Ich gläuv, se heisch Nossbaum."

„Wat", röf de Moder, dat kann nit sin! Et Bedd-Angenies! Dat deit doch keiner Fleeg jet. Dat es esu fromm, dat piss sugar Weihwasser. Dat un der Pastur dud schlage. Ihter flüüß der Rhing der Birg erop. Jung, lügg nit! Sag, dat de dich verdon häs!" Ehre Sonn schöddelt der Kopp un verstummp. Et Kordula nennt in ne kleine Held, ömärmp in un gitt im zom Avscheed ne Butz.

Wie die zwei Poliziste widder em Auto setze, loore sich aan. Dann säht der Schäng: „Jetz ha'mer et. Wä hätt dat gedaach? Do sühs de ens, wie de Religion dozo beidräg, ne aanständige Minsch ze blieve." Lo'mer nohm Faarbürro fahre un uns de Adress vun der Frau Nossbaum besorge!"

Die krige se och, zesamme met dä versproche Liss. Unger dä Besöker vun der Fessaandaach es och, wie se vermodt han, de Frau Nossbaum. Domet es der Fall klor. Wie se noh dä aangegovve Adress kumme un sich als Kriminalbeamte vörstelle, säht de Frau Nossbaum: „Ich han ald op üch gewaadt, mi Bedd gemaht, gespölt un och söns alles gerägelt, wat ze rägele es. Wann ehr nit gekumme wört, hätt ich mich morge gestellt. Un wann ehr mich frogt, ov ich dat geisliche Ferke noch eimol öm de Eck bringe dät, ich dät et widder. No künnt ehr mich metnemme."

Dat wor et dann met däm Fall. Nohzedrage bliev, dat et Lamsfoßens Füssche en die Häng vun nem gode Therapeute kom. Hä erhollte sich flöcker wie sing Moder, der ehr geislich Weltbeld ärg ramponeet woode wor. Der Ääzbischoff satz en Kommission en, för dä Messbrauchsfall zo ungersöke. Ävver eets, nohdäm der „Der Morgen" en große Reportag üvver Messbrauch vun Schwatzröck em Allgemein un vum decke Schäfers Fädenand em Besondere gebraht hatt. Bei der kirchliche Ungersökerei stallt sich erus, dat dä Kääl em Lauf vun Johre zig Junge messbrauch hatt. De Frau Nossbaum woodt en Kölle zo ner Heldin gemaht, wat Justitia, die jo bekanntlich bling es, nit dodran hinderte, se wäge Dudschlag zo verordeile.

Un wat noch? Anderndags hooten dem Sowaschs Schäng sing Zantping op eimol op. Et Kordula, sing Assistentin, meinte, dat dat e Wunder wör, an däm der Ferkes Tünn gedrieht hätt. Dä wör dankbar un secher fruh, dat singe Saustall no widder en Kirch woode wör. Ovschüns der Schäng dat wigg vun sich wes, besökte hä doch steekum der Zint Antonius un dankte im för sing Hölp. Su es dat met de Kölsche: Se gläuve an nix, sin ävver, wann et nüdig es, god katholisch.

Üvvrigens, wann eine vun üch ens Zantping hät oder in de Hämorrhoide quäle, ne erusdriehbare, decke Zih hät der Ferkes Tünn en Ohßedörp nit.

En fromm Eselei

Wa'mer ens Wredes Wörterboch opschläht un nohluurt, wat unger däm Wood „Eselei" steiht, es mer ald beim Lese bedeent. „Dommheit" un „Dommerei" sin noch de neutralste Begreffe. Akkurat dozo pass ene Eselskopp, dä domm, frackig un starrsennig es. Un unger „Esel" fingk mer zig wölle Wööd: Duseldier, Blötschkopp, Lötschendötsch, Tronskann, för e paar opzeföhre.

Wa'mer no frög, wo dat herkütt, stüß mer drop, dat och der Esel als Dier bei de mihste Minsche, sage mer ens, nit esu huh aangesinn es. Dat fängk ald bei nem Kinderleedche aan.

Der Kuckuck un der Esel, die hatte große Strigg,
wä wall et Bess künnt singe zor schöne Maiezigg.
Dä Kuckuck saht: „Dat kann ich!" un fing ze schreien aan.
„Ich ävver kann et besser!" fögt drop der Esel draan.
Dat klung su staats un aadig, su schön un och su fruh.
Su sunge allebeids se: „I – a, I – a, Kuku!"

Vum Heinrich Heine singem Gedeech üvver de Wahlesele, der ehr hüchstes Glöck dodren besteiht, Dag för Dag fresch, fromm, fruh un frei ehr Säck zor Müll ze schleppe un doför nor Klöpp ze kasseere, well ich eets gar nit kalle.

Un do es dat Kreppche, wo se ne Graurock tösche zwei glich große Heupüngel stelle. Do steiht e no un loot noh links un loot noh räächs, waggelt met singe lange Löffele, schöddelt der Dätz, schwenk der Stätz un kann sich nit entscheide, vun wat för nem Haufe hä zoeesch fresse soll. Am Engk verhungert dat domm Dier.

Dann die Saach met däm sugenannte Strofesel. Dä stundt en aaler Zigg om Nüümaat zo Kölle, tirek nevve dem Pranger. Hä bestundt us zwei breid op de Ääd gestallte Bredderbritze, die bovven spetzwinkelig zosammegeknuv wore un vürre ene Eselskopp us Strüh droge. Op däm dönne Rögggrat vum Esel moote de Stadtzaldate, de Funke, setze, wann se jet verbroche hatte. Un wann se sich ärg donevve benomme hatte, krähte se sugar noch Geweechte an de Bein gehange, för dat et em Retz öntlich wih dät un de Winterkeesche opblöhte.

Och hügg noch gitt et der Strofesel bei de Rude Funke. Dä läuf sugar em Rusemondagszog met. Am beste däte se dä jo der kölsche Stadtverwaltung üvverlooße. Die hät ne Strofesel am mihste nüdig, weil se su vill Dress produzeet. Et wör ech e Highlight, der Oberbürgermeister ens op däm Dier rigge ze sinn.

Wie nit anders zo erwaade, kütt der Esel och bei de Wetze nit god fott. Frogt mich doch dis Dag beim Früh eine üvver nem Kölsch, wievill Dier en Frau bruche dät, för glöcklich ze sin. De Antwood gov hä en einem Odemzog glich selver. Ne Nerz em Kleiderschaaf, ne Hengs em Bedd, ne Jaguar vör der Huusdür un ne aale Esel, dä alles bezahlt.

Et gitt ävver och Minsche, die der Esel ärg ästimeere. Nit nor, weil hä dat Fleesch för de Salami livvert un sich de Hugg för de Pergamentproduktion avtrecke lööt. Se levve em Kluster un heiße Murmelbröder. Zoeesch wiese se drop hin, dat der Esel nevve dem Ohß dobei wor, wie dä Klein en Bethlehem gebore woodt un en der Krepp log. Hä hätt sugar de Hellige Drei Küninge gesinn. Wä künnt sujet ald vun sich sage?! Dann wören der Jupp un et Marie op däm Esel noh Ägypte avgehaue. Un op nem Esel wör Jesus en Jerusalem engetrocke, för dat se in do an et Krütz schlage kunnte. Zickdäm drög hä dat Krütz en singem Röggefell. Wä künnt su jet ald vörwiese?!

Ußerdäm hätt hä – dovun sin se üvverzeug – ald vun Nator us die Eigeschafte un Tugende, die se sich möhsam e Levve lang aantraineere mööte. Dodröm hätte se in vun alle Diere am leevste. Hä wör suzesage ehr Vörbeld, einfach, demödig, verschweege, hätt bescheide luuter der

Kopp noh der Ääd geneig, wie Klusterbröder dat dun sollte, dät winnig kalle un langksam gonn. Ääns un würdig wör sing Mien. Kohldamp un Klöpp heeldt hä stell us wie ne Münnich, dä sich selver kasteie un avkarwatsche dät. Damp em Schredd göv et bei im selde, dä ne Klustermann wirklich schwer avwürge künnt, wann hä e lecker Weech söch. Kootöm der Esel woodt en lang Zigg en de Klüster för klog un verständig gehalde. An im wör, su sahte se, ne Filosof, jo, beinoh sugar ne Hellige verlore gegange. Su wor et kei Wunder, dat se in bei wichtige Aangelägeheite luuter öm Rod frogte. Nit der Abt hatt dann dat letzte Wood, sondern der Klusteresel. Un weil e nit spreche kunnt, föhrte se en Aat Orakel met im durch.

Sujet passeete och vör langer Zigg en der Bergische Abdei Aalebirg. Der Graf vun Berg hatt de Klusterpaafe sing aal Burg an der Dhünn un dat ganze Dhünndal öm die Burg eröm vermaht un wor an de Wupper getrocke. No huusten en der Burg die Murmeler. Ävver glöcklich wore se nit. Dä Bau log op nem steile Birg, wor eng, düster un feuch. Dat Goddeshuus bestundt nor us der kleine Burgkapell. Dat hatte se sich ganz anders vörgestallt, wie se an de Dhünn gekumme wore. Su beschlosse se, en ganz neu Klusteraanlag ze baue, un zwor irgendwo en däm gröne, sonnige un god bewässerte Dal. Die Burg kunnte se jo avrieße un die Stein dobei god för der Neubau bruche. Der noble Gönner hatt nix dogäge.

Ävver wo sollte se baue? Tirek am Foß vum Burgbirg? Oder glich nevve dem Fluss? Oder irgendwo en der Aalebirger Au? Se kunnte un kunnte sich nit einige un schloge sich baal de Köpp en. Do schlog der Abt vör, dä kloge Abdeiesel wie ald off vörher entscheide ze loße. Däm Vörschlag stemmte se all fruh zo.

Dä graue Beinoh-Hellige woodt opgezäump un, domet hä woss, woröm et bei dä Saach ging, met de Klusterinsignie un dem Baugeld belade. Vör der Burgpooz blevv hä stief stonn. Dat duurte ävver nor su lang, bes se in met Weihwasser bespreuz un gesähnt hatte. Dann nickte hä, wie wann e ne Minsch wör, mem Kopp un satz sich en Bewägung. Un die ganze Murmelerschwitt hinger im her. Met wiggem Avstand, versteiht sich. Mer wollt in jo nit avlenke.

Et wor ene heiße Dag. Der Planet strohlte en Hetz av, dat mer et drusse kaum ushalde kunnt un mallich vun dä Paafe gään en et Wasser gesprunge wör, för sich avzeköhle. Doch all blevve se däm Graurock op de Fääschte. Dä wor – wall wäge der Hetz – vör sing Verhäldnisse ungewöhnlich flöck ungerwägs. Hä blevv zwor av un an ens koot stonn, öm e paar Grashalme ze plöcke, wor ävver baal medden em Dal an nem kleine Baach aangekumme, wo die Wis besonders grön un et Gras besonders saftig wor. Do blevv hä stonn un bleckte ääns öm sich. Et soch us, als ov hä die Gägend pröfe wollt. Die Klusterbröder heeldte em Gebösch der Odem aan. Wie erlös wore se, als hä sich endlich an dä Stell nidderleet un ze schreie aanfing! En ehre Uhre klung dat messtönige Geschrei wie der Klang vun Engelsposaune. „Dat es die Stell, dat es die Stell!", reefe se un finge Psalme ze singe aan, su laut, dat mer die Eselsposaun nit mih hüüre kunnt.

Su woodt die Baustell met der Hölp vum Klusteresel an der aadigste Stell vum Dal gefunge. Et es verhaftig – wie mer hügg säht – ene Wohlföhloot, en däm de Minsche, wann se sich drop enlöße, zor Rau kumme. Wann de ens doher küss, wees de et selver merke. Hügg noch steiht dä herrliche Dom do un ergötz de Besöker met singer himmlische Praach. Et gitt erer Lück, die dat Kreppche vum Esel, dä der Klosterplatz gefunge han soll, för geloge ov bestefalls för ene Zofall halde un spetz froge, wo dat Dier wall gelandt wör, wann et nit esu heiß gewäs wör un dat Gras an dä Stell nit su hätzhaff un wöözig. Dann sagen ich: „Wat soll dä Kall? ‚Wör' un ‚hätt' es Fleegedreck un nix wäät. Et es jo nit passeet."

Em Huppet Huhhot
singem Rich

Ehr frogt, wo dat litt, dat Rich vum Huppet Huhhot? Dat litt am Rhing. Medden en Kölle. Genau genomme em Rheinau-Hafe. Un wä der Huppet Dingsdo es, wellt ehr wesse? Dat verrod ich üch gään. Ehr mutt nor e klein Minüttche waade.

Ovschüns de Ubiernohkumme vun der Domsigg meine, se hätte de Kultor ald zick der Römerzigg met der Muttermilch enhaleet un däte de Kuns met Schuumlöffele fresse, künne och de Lück vun der Schäl Sick lese un schrieve un ästimeere aadige Saache. Un su hät sich e Trüppche gefunge, wat sich av un an us de Bergische Berg op der Jöck mäht, för de Welt zo beluure. Zosamme sin die dressig Lückcher älder als wie Kölle. Ävver mem Alder wähß jo der Vörwetz. Dat es die Eigeschaff, die de Aape ald vör Millione Johre dozo gebraht hät, vun de Bäum erav ze höppe un Minsche ze weede. Winnigstens en de Bergische Berg es dat met däm Vörwetz esu.

Dis Dag hatte mer der Rheinau-Hafe em Viseer. Dä es jo, su hürt mer, dat neue Schicki-Micki-Veedel vun Kölle – de „In-Meile, trendy un nobel", wie et heiß – un hät der Hahnwald wigg hinger sich geloße. Jeder, dä meint, hä wör en Kölle eine un mer künnt nit op in verzichte, dät sich hee zick Neustem en Wonnung kaufe. Natörlich muss hä och de Nüsele doför han; dann der Quadratmeter met Sich op der Rhing koss hee su an de sibbedausend Euro. Dat Levve am Wasser es evvens „in" un düür zoglich, sugar wann dat Terrain ne aale, avgetakelte Hafe wor.

Aal un avgefrack kunnt mer noch vör su an de sechsig Johr nit sage. Wat wor hee loss un wie ging do de Poss av! Zig Scheffe lähte dagdäglich aan, woodte be- un entlade, brahte vör allem Koon un Kolle. Kölle wor jo ald domols su jet wie et „Wirtschaffszentrum West" un Foderkammer för de ganze Region. Hunderte vun Lück wore hee am Brasele. Geschratels, Spektakel un Krawall vun morgens bes ovends un üvverall. Ovends mahte dann Matrose un Rhingkadette de Gägend unsecher. De Trottoir-schwälvcher flaneete mem Plumeau lans der Rhing, bes se sich ne Kääl, dä et nüdig hatt, opgedon un met däm em Schlepp en de Nächelsgass vertrocke hatte. Un dä Schnäuzer passte op, dat se all zosamme nit zo ärg üvver de Sträng schloge.

Ävver zoröck zo unsem Usflog. Aangereis kome mer mem Jöckemobil. Wa'mer söns en Kölle Angs han muss, kei Stell ze finge, för sing Kaar avzestelle, hee em Rheinau-Hafe han se Platz ze baschte. Die Garage unger däm Veedel trick sich an de zwei Killometer en de Längde un es beinoh su lang wie dat Veedel selver. Ich ha'mer vörgestallt, wie dat wör, wa'mer die pielgrad Streck mem Drohtesel avführ un för Minutte luuter datselve söch. Secher hätt mer e komisch Geföhl dobei. Un bei Huhwasser köm mer sich wie en nem U-Boot vör un hätt Angs ze versuffe.

Am Malakofftoon trofe mer unse Cicerone. Mer kunnt et nit sinn, ävver wie hä de Schnüss opmaht, hüre, dat hä em Vringsveedel opgewahße wor. „Üvvrigens", fing hä singe Verzäll aan, „dä Malakofftoon, an däm mer grad stonn, gehürt eintlich nit zo däm neue Veedel, doför zo däm aale Hafe. Vun däm em Norde un dem Bayentoon em Süde woodt dat Spill kontrolleet. Su Töön sin och em Ruhrgebeed gebaut woode, als Fördertöön, luuter groß un stämmig wie die russische Festung, vun dä se der Name han. Un no geiht et üvver de Bröck in dat neue Veedel. Et es dat sibbenunachzigste vun Kölle un et einzige, wat ganz allein Privat-lück gehürt. För Grundstöcke un Baute han die üvver sechshundert Millione gelatz."

Wie mer üvver de Drihbröck klabastert wore un vör däm Schokelade-museum stundte, kunnt mer dat met dä Privatlück sinn. Alles bletze-blank, opgerüümp un wie geleck. Dat süht en dä Veedel, wo de Nohkumme vun de Ubier huuse, ganz anders us.

„Dat Schokelademuseum vum Kamelle-Imhoff üvvrigens", saht dä Föhrer, „gehürt zo dä am mihst besökte Museee en der Republik." Do süht mer ens, dat de Lück ald vun Nator us e ech Geföhl doför han, wat Kultor es. Doför es et em Olympiamuseum stell wie en ner Dudehall.

Un dann tauchte mer en en dä göddlich schräge Mix vun Baurichtunge un Architekturströmunge. Vun „romanisch bes ultramodern", wie dä Föhrer aanmerke dät, künnt mer hee alles sinn. Eine Höhepunk jagte dä nöchste. Et Kunshuus „Rhenania", der Schobbe vun Microsoft, Pier 15, et Sibbegebirg, Halle 11, et opgemotzte aale Zollhuus, de gewaltige Kranhüüser. Nevve denne soch dä Hafekran „Herkules", dä noch Kääls en nem Treddradd bewäg hatte, wie ne krüppelige, pummelige Gaadezwirg us. Alles dät och god zosamme passe: de Stroßelatääne, die wie Fifaldere ussinn. Zwei Killometer lang am Rhing entlang däselve Zung. Muure met leser maskeet, brung vör Ross, dä ävver, wie unse Cicerone saht, nit avfärve un sich iwig halde dät. Nevve denne hätt sich et Marie-Luise Nirosta god gemaht. Hee hätt et sing Reklamefotos för de nöchste Fastelovendssession maache künne.

Se hatte och an alles gedaach: Stromkäste för de Rhingscheffer, wann die ens aanläge wollte, för dat se de Veedelslück nit met ehre Generatore em Schlof stüürte. „Hundekottütenspender", us däm mer ne „Kotschnappi" met Büggel trecke kann, wann dä leeve Fiffi jet falle lööt, wat stink.

Vun dä sechsdausend Minsche, die en däm Veedel wonne un schaffe, soch mer kaum jet. Hee un do stundte paar Figure vör ner vörnähme Pooz un wore ganz unziviliseet en Zarett am Flöppe. Oder en Aal leet sich op nem Balkon bewundere, villleich wäge dä sibbedausend Flüh dä Quadratmeter. Och nirgendwo Grön, avgesinn vun e paar Strüch en Küvvele. Dä Cicerone meinte, mer hätt de Hafestimmung erhalde welle, wie mer jo och an dä Krane söch. Bäum hätt et nit gegovve. Dat es ävver nit wohr. Dat „Werthchen", die Rhinginsel, op dä no die neu Schobbe stonn, wor ens ne Park, in däm de Lück sonndags spazeere gingke. Dat dun se hügg widder; nor laufe se jetz üvver Beton. Mer muss zogevve: Dat ganze Veedel es ne Draum. Ävver ne ganz köhle.

Wat es no met däm Huppet Huhhot, frogt ehr widder? Kei Angs. Ich han in nit vergesse. Mer kumme nämlich jetz nohm Bayentoon. Dat es ne Wehrtoon usem Meddelalder, de südliche Eck vun de kölsche Stadtmuur. Klotzig, huh un zogeknöpp wie en Burg. Hee han de Kölsche zom eetste

Mol, wie et heiß, ehre Schlaachroof „Kölle Alaaf" usprobeet, su gewaltig, dat der Ääzbischoff vör Angs eets en de Botz un sich dann dovun gemaht hät. Burgfrau es zor Zigg et Emma, pardon, et Alice Schwartzer met singer Emanzeschwitt. Ov dä Sproch „Wä der Bayentoon häld, hät de Stadt" stemmp, künnt ehr allein beordeile. Ich för ming Deil han e ungod Geföhl bei däm Gedanke, dat die besagte Matron do resideet.

Op eimol wes unse kölsche Cicerone op en stell Eck am Toon un verkündte: „Hee, huh geschätzte Dame un Hääre, es dat sugenannte ,Nachturinal' vum Veedel. Hee dürfe de Mannslück, wann et döster es, ganz legal ehr Stängelche Wasser avschlage." Verhaftig soche mer e Scheld „Nachturinal. Für ein sauberes Köln. Für Sie." Ne Feil zeigte piel-grad op die Tooneck. Et roch zwor jet möffig un streng. Ävver sinn kunnte mer nix. An dä Stell e Urinal?, schoss et uns all durch der Kopp. Dat kunnt doch nit wohr sin! Dat Kääls de Fraulück ehr Föß ganz legal naaß maache dürfe, dozo och noch de Föß vun de Emanze! Ävver wo wor et dann üvverhaup, dat Urinal? Villleich steiht nor e Scheld do, en Jeckerei, för de Turiste zo veruze oder de Emanze zo ärgere, un et gitt kei Urinal? „Nä", griemelte der Cicerone, „de Burgmadämcher han sich luuter dodrüvver beklag, dat Mannkääls en däm Winkel weld erömge-pinkelt hätte. Un do hät de kölsche Avfallweetschaff hee e versenkbar Pissoir gebaut. Dat weed, wann de Sonn erav es, huhgefahre un tauch am Morge widder av." Un verhaftig bemerkte mer jetz em Boddem ne Metallring. Ich wollt et noch immer nit gläuve. Doröm han ich am Ovend drop dä Bayentoon steekum noch ens allein besök. Un wat gläuvt ehr? Dat Pissoir wor wirklich do. Ich han et glich ens usprobeet. Minge Endrock: nit kommod, ävver interessant.

Doch dat de Avfallweetschaff dä Emanze su e Ei en et Ness geläg han soll, kann ich nit gläuve. Villmih ben ich der Üvverzeugung, dä Huppet Huhhot hät sing Knöppelsfingere em Spill un dat Dinge heehin geflanz. Dä Huppet es nämlich ene Kobold, dä em Meddelalder am Bayentoon zo Hus wor un do singe Spökes gemaht hät. E klein Hutzelmännche, noch nit ens ene Meter huh, met enem schrumpelige Spetzbaatgeseech un Been, su staksig wie Stochieser. Hä dräg e Kamelsölche met golde Knöpp om Buch, öm sing Fott Kneebotze us blauem Samp un om Kopp ne huhe Hot, dä wie ene Treechter ussüht. Dovun kütt och singe Name. En lang Zigg hät hä de Wahner Heid unsecher gemaht. Ävver zickdäm dat Rheinauveedel steiht, hät hä sing Rich widder besetz un driev sich naachs üvverall eröm.

Do meins, ich dät dich veruze? Do kanns im selver begääne, wann do su an de zwanzig Kölsch intus häs. Als Bewies, dat dä Huppet ald fröher do wor, e Gedeech, wat ich beim Wrede gefunge han. Dä es en Kölle su jet wie en Bibel. Un wat do dren steiht, es wohr.

> „Zo Kölle am aale Bayentoon,
> do steiht e steinen Huus.
> Un wä do naachs elans deit gonn,
> do süht et schlemm met us.
> Däm fleege Ääze en't Geseech
> un op dä Hoorezopp.
> Dä Huppet Huhhot deit dat all
> des Naachs bes morgens fröh.
> Rigg op dä Firke durch dä Stall,
> behext de Öhß un Köh."

Der Platzgabbeck
oder wie uns die Rodshääre veräppele

Der Platzgabbeck? Wä dat es, frogs de? Do häs Rääch. Ohne Hölp kütt
mer do nit drop. Waad, ich gevv der ene Tipp! Gangk nohm Aldermaat!
Do es e, der Platzgabbeck. Am Rodhuus. Genau genomme am Rodhuus-
turm. Weil dä tirek am Aldermaat, däm zentrale Platz vun Kölle, litt, heiß
dä zick dem Meddelalder och Platzturm. Jo, un am Platzturm es der
Platzgabbeck, der Gabbeck am Platz, zo Hus. Wann de no god Auge häs
un et hell genog es, kanns de in villeich erkenne, bovven huh tirek unger
der Turmuhr. E klein Käälsgeseech, en bungk bemolte Fratz met Baat un
Schlapphot. Dä Kääl loot eine us wigg opgeresse Auge aan, rieß zo jeder
volle Stond de Muul op un streck dobei sing Zung erus. Un woröm heisch
dä no Gabbeck? Do sage mer esu: Gabbeck es ene andere Usdrock för
„Mungk" ov „Muul". Platzgabbeck bedügg also su vill wie „Aldermaats-
schnüss". No ha'mer et.

Jetz kumme mer zo ner filosofische Frog: „Wat hät et met däm Platz-
gabbeck an un för sich op sich? Oder op Kölsch: „Wat soll dat Ganze
üvverhaup?" Do sage die ein su un die ander su.

Minge Fründ Ferdi us dem Severinsveedel meint, die Saach lög klor op
der Hand: De Kölsche wöre jeck op jede gode Verzäll, söße gään gesellig
zosamme, däte luuter spotte un met Wööd un Wetze jongleere. Kei
Wunder also, dat et zig Wööd för „schwaade" göv: schwadroneere un
quatsche, bubbele un verzälle, klaafe un tratsche, kalle un klatsche, tu-
schele un fispele, räsoneere un krakeele.

Un genau su vill Usdröck hätte se för Schnüss un Muul: Beck, Beff un
Bäbbel; Bagger, Bratsch un Klapp; Fress, Lappe un Mungk; Rand, Schnäb-
bel un Schnauz; Seiverschnüss un Breimul, Bützgescherr un Schnuut,

Beck un Schnabbeck. Un esu wigger un esu wigger. Hä wör der Meinung, dat de Rodshääre, wie se der Platzgabbeck vör beinoh sechshundert Johr unger der Uhr opgehange hätte, de Kölsche ne Speegel vör de Nas halde wollte. Met der Mahnung, se sollte ehr Muul zomaache un endlich an de Arbeid gonn. Et wör Zigg. Dat künnte se op der Uhr sinn.

Ne schöne Verzäll. Et pass och alles ganz god zosamme. Bes op die erusgestreckte Zung.

De Böcherwörmer un Eierköpp verzälle jet anderes. Noh inne geiht die Gabfratz op en Legend zoröck, die mer sich üvver der große Ööcher Karl verzällt. Dä hätt nämlich, wie hä dä Kääl met der Sens nöhter kumme spoot, sing drei Sönn opgefordert, ehr Auge ze schleße un ehre Mungk opzerieße. Dä äldste wollt nit, die zwei jüngere däten et. Hä stoch inne e Stöck Appel en der Rache un vermaht dä zwei sing Rich. Un de Moral vun däm Verzäll? Wä rääcziggig der Mungk oprieß un zoschnapp, dä kritt Maach un Enfloss. Die Rodshääre us de Gaffele un Zünfte hätte su de Patrizier verspotte welle, denne se et Stadtzepter avgenomme han.

Och en schön Story. Ich gläuv ävver, dat dat Spill anders geiht. En Wohrheit wollte un welle de Rodshääre och hügg noch dem gewöhnliche Volk sage: „Ehr hat uns gewählt. Dat hat ehr no dovun, jetz maache mer, wat mer welle. Och, wann et üch nit pass. Ätschkiss!" Jo, su sin se, die sugenannte Mächtige un die, die meine, jet ze sin.

Die Antwood vun de Bürger fingt ehr an nem Huus om Aldermaat met Name „Em Hanen", däm Turm schräg gägenüvver. Ganz bovve ungerm Daach huck do der Kallendresser un zeig inne singe bläcke Aasch. Wigger bruch mer nix ze sage. Die Antwood es och klor, ohne dat mer der Götz vun Berlichinge ziteet.

Dat dubbelte Eckschääfche

Et es noch nit esu lang her, do lävten en Poll ens zwei Freiziggmusiker. Se hatte sich nit gesök, ävver trotzdäm irgendwann irgendwo zesammegefunge. Nit nor, dat de Instrumente, die se spillte, akkerat zesammepasste – beids wore se god op der Gitta zo Hus. Nit nor, dat se wunderschön Stemme hatte, met denne se zweistemmig sunge. Se wore sich och körperlich su jet vun ähnlich, dat se glatt Zwillingsbröder hätte sin künne. Beids wore se stramm Pooschte un soche vun vürre su god us, dat sich sugar der Clooneys Schäng en Schiev vun inne hätt avschnigge künne.

Ävver wie dat esu es. Nix op der Ääd es hundertprozentig. Alles hät irgendwo en Ketsch, en Schramm ov en schräg Eck. Su och hee. Der Herrgodd hatt se beids nämlich hinge om Rögge met enem Eckschääfche – dat es der Kölsche ehre Usdrock för ene Puckel – ussstaffeet, dä ein links, der andere räächs, su groß, dat mer drop god ne Kölschkranz hätt avstelle künne. Ehre Bandname wor eintlich „Angelsingers". Dä Name wor secher verdeent; dann se sunge beinoh su, wie wann der Ääzengel Gabriel met singem Kumpan Michael et Halleluja em Himmel aanstemme dät. Ävver üvverall heeße se wäge ehrem Puckel „Dat dubbelte Eckschääfche".

Weil se no su en schön Musik mahte, woodte se alle naslang för Fiere un Feste, för do opzespille, geboch. Dobei spillten ehr Eckschääfcher kei Roll, weil mer die Kääls beim Musikmaache nor vun vürre soch. Verhierodt wore se beids nit. Schingks wäätete der Puckel se en de Auge vun de Fraulück su av, dat die Wiever dä zwei ehr god Sigge nit mih soche. Eines späden Ovends – et ging ald op Meddernaach aan – wor der ein noch op de Poller Wise am Jogge. Dat maht hä öftersch su, för sich noh singer möhsame Scheechplackerei beim Ford zo entspanne, selvs wann et späd en der Naach wor. Der Vollmond stundt huh am Himmel un üvvergoss Rhing un Aue met Selver. „Kein Minsch ungerwägs", daach e. „Un dat bei dä herrliche Luff un däm Zauberleech! Dat alles es hügg Naach ming. Et es en Stimmung wie en nem Märche."

„Doch wat es dat?!" Op eimol soch hä, dat sich deech vör dä Wigge am Rhing em huhe Gras jet wägte. Luuter op un nidder, hin un her ging et do. Unwellkürlich daach hä an e Liebespäärche. „Dat hät sich ävver – Zackerment noch ens – ene uselige Oot för sing erotische Boddemgymnastik usgesök. Denne muss et doch vill ze kald sin, selvs wann dat Spill heiß sin sollt. Oder es dat villleich en Höppelepöppelehääd, die en Orgie am Fiere es?", simeleete hä un schlech vörsichtig op die Stell aan, för ens ze loore, wat los wor. Hinger nem Wiggebösch blevv hä stonn.

„Do schleiht et drücksehn! Dat kann doch gar nit sin", murmelte hä verbasert. „Dat sin jo Heizemänner! De Heizemänncher vun Kölle sin widder do! Nä, sujet! Wann ich dat verzälle, gläuv mer keiner."

Un wirklich, su an de zehn, fuffzehn Männcher, all veezig, fuffzig Zentimeter huh, höppte un danzte eröm, wie wann se et Schoss erushätte. Un nit nor dat! Se sunge dobei met ehre huh, fing Stemmcher Leeder vum Ostermanns Will, vun de Bläck Fööß un de Höhner. Sugar Kasalla-Songs hatte se drop. Eets luuschte hä faszineet un feel dann wie vun selver en dä Gesang en. Met singer kräftige Bassstemm bildte hä no dä Kontrapunk, dä dä Leeder eets Fazung un Boddem gov. Die klein Hutzelkääls sprunge un sunge wigger un däte su, wie wann se nix gemerk hätte.

Dat ging en Wiel esu. Am Engk kome se op in zogedanz un bildte ne Kreis öm in. Jih hoot der Gesang op. E Käälche – wall der Baas – verbeugte sich vör im un saht met singer Fispelstemm: „Mer danke üch hätzlich för dä aadige Gesang. Ehr hat en schön Stemm. Mer han zwor noh dä Attack vun däm Schniederwiev nix mih met Kölle un singe Lück am Hot. Weil ehr uns ävver der Ovend versößt hat, dürft ehr üch jet vun uns wünsche.

„Mein Godd", reef dä Musikus fruh, „ehr seht jo, wat ich om Rögge met mer erömschleife. Wann ehr mir mi Eckschääfche avnemme künnt, dät ich üch vun Hätze danke." „Kei Problem, dat ha'mer glich", meinte drop dat Männche, sprung met enem Satz däm Poosch op der Rögge, packte dä Puckel, drihte in ens vör un zoröck, wie mer dat met ner fassgedrihte Schruuv mäht, un hovv in met enem Rupp av. Vum Rögge springe un dat Pückelche en der nöchste Bösch werfe, wor eins. Em selve Augebleck wore die Heizemänncher fott.

Dä Pucklige a. D. reev sich de Auge. Hä föhlte sich, wie wann e grad us nem Draum opgewaach wör. Als hä ävver die Stell avtaastete, wo dat Eckschääfche gesesse hatt, un et nit mih fung, maht e vör luuter Freud ne Salto, wat e lang nit mih gedon hatt. „Ich dank üch", bröllte hä su laut, dat mer et secher noch op der andere Rhingsigg hüre kunnt, un schrömte üvverglöcklich op Heim an.

Anderndags trof e sich met singem Kolleg för en Prob. Se wollte e neu Stöck enstudeere. Wie dä in soch, feele im beinoh de Auge usem Kopp. Hä wollt nit gläuve, wat dä im do opdeschte. „Heizemänncher? ... Die sin doch ald zig Johrhunderte us Kölle verschwunde. Fründlich un dankbar, wo die doch luuter noch op de Kölsche soor sin? ... Dat Eckschääfche fottzaubere? Eifach su? Ohne ze schnigge ov ze schruuve? ... Dat kann keine." Ungläubig strech e immer widder üvver der Rögge vun singem Kumpan. Ävver ohne Zwiefel! Dä Puckel wor nit mih do, der Rögge glatt un die Hugg su rusig, wie wann do nie ene flidige Knochehüvvel gesesse hätt. Irgendwat moot doch an däm Verzäll vun däm Kääl dran sin.

Trotz singer Zwiefel maht hä sich beim nöchste Vollmond op de Söck noh de Poller Rhingaue. Un ungeloge, die Heizemänncher wore widder do, genau an dä Stell, die singe Kolleg im beschrevve hatt. Och hä mischte sich met singer Stemm en ehre Gesang en. Ävver weil im dat Spill zo lang duurte, blätschte hä ungedoldig dozwesche.

„Holla hee, Heizemänncher. Hürt ens! Ich mööch, dat ehr mer och minge Puckel fottzaubert. Do han ich e Rääch drop. Vürrige Mond hat ehr dat jo ald bei mingem Kolleg gedon. Ich well och ne glatte Rögge han."

Die klein Kääls däte widder su, wie wann se nix gehoot hätte un danzte eets noh ner Wiel op in zo un ömringte in. Zwei vun inne höppte hinger e Gebösch, hollte do jet, sprunge op singe Rögge un knuvte do en Zigg lang eröm. Dann wore se op eimol, ohne ne Ton vun sich ze gevve, fott. Dä Poosch taastete hoffnungsfruh singe Rögge av, öm glich drop vör Wot opzehüüle. „Woröm?", frogt ehr. No zeerte zwei Eckschääfer sing Krütz. Schingks hatte im die Zwerge nit nor singe Puckel nit avgenomme, sondern och noch dä Hüvvel vun singem Kumpan opgeflanz.

Wat soll ich noch verzälle? Et duurte kei Johr, do wor dä eine vun dä Pooschte, dä no och vun hinge wie der Clooneys Schäng ussoch, verhierodt. Dat schönste Weech vun Poll stochte su lang hinger im her, bes hä im endlich et Jo-Wood gov. Ävver och dä zweite fung en Frau. Met zwei Eckschääfcher soch hä irgendwie maneerlicher wie vürher us. Un wä hät ald zwei Eckschääfcher?! Musik han se ävver nie widder zesamme gemaht, wat nit winnige Lück beduurt han.

Uns
Beldungswunderland

Zick dem Johrdausendwähßel weed – Stechwood Pisa – en all dä große Industrienatione bei de fuffzehnjöhrige Pänz de Beldung gemesse. Dann weed vergleche, wat die Pooschte un Weechter en ungerscheedliche Länder om Kaste han, dat heisch, wie se lese, schrieve un rechne künne. Un sich aanstelle, wa'mer se us der Schull en dä Pohl werfe deit, dä Levve heiß.

No schnigge de deutsche Hoffnungsdräger, sage mer ens esu, nit ganz esu schlääch av. Ävver god es anders un ärg god eesch rääch. De pädagogische Eierköpp us Germany sin furchbar pikeet, weil se meine, Deutschland wör besser wie die andere, hätt zomindes jet Besseres verdeent. Su wiese se luuter drop hin, dat mer jo noch et sugenannte Duale System hätte, un dat wör nit nor eimolig op der Welt, sondern och ärg god. Holla, su jet vun god, dat sich de andere Länder en decke Schiev dovun avschnigge künnte. Vun wäge Beldungswunderland un esu.

Wat es no mem Duale Dingensbums gemeint? Do sage mer ens esu: Do weede uns Rentezahler en spe en zwei Enrichtunge eeschtens op der Berof un zweitens op et Levve vöraangebraht. En der Berofsschull un en nem Betrieb. De Schull es vör der Kopp un der Betrieb vör de Häng zoständig. Am Engk vun der Lihr steiht dann en Pröfung, un wa'mer die besteiht, es mer Gesell ov arbeidt bei nem Aaz oder en nem Geschäff ov Bürro oder su.

Neulich han ich selver erläv, wie god dat Duale Dingens bei uns funktioneet. Uns Heizung dät et op eimol nit mih. Et ganze Huus kald wie ne Ieskeller. E Unglöck, weil der Winter grad am Entrecke wor. De Heizungsfirma – vun mir alarmeet – röckte och glich anderndags aan. Ne Gesell met enem Lihrjung en nem nagelneue Kastewage. „Wann dä Monteur", daach ich fruh, „su god es wie die Kaar neu, dann es uns Heizungsproblem em Rubbedikabess gelüs." Wie ich die zwei en der Keller gebraht un nohm Ovve expedeet hatt, leet ich se allein, blevv ävver neugierig hinger der Dür stonn un hoot inne zo. Su woodt ich Zeuge dovun, wie god et Duale Dingens funktioneet. Doch hür der ens der Dialog aan!

Gesell: „Luur! No luur ävver och! Hee dat corpes delec.., alsu dat kapodde Deil ... Die Haupsaach an däm Stöck hee es vürre, un dann en der Medde un besonders, pass op, hingen es de Haupsaach. Häs de et no verstande?"

Lihrjung: „Jo, Herr Schmitz! Alles! Wirklich! Ävver wo es dann no de haupsächlichste Haupsaach an däm corpus delicti?"

Gesell: „Frog nit esu domm! Nä, nä, met de Lihrjunge hät mer jet an de Gäng! Sich met denne avzegevve, dat es en Aufgab, do künnt mer dran verzwiefele. Häs de dat verstande?"

Lihrjung: „Jo, Herr Schmitz. Ävver no saht doch, wo es dann de Haup...?"

Gesell: „No hald ens ding Schnüss! Un hür zo. Alsu! Grad han ich der et gesaht, luur ...! No luur, no luur ävver och! Pass op! Dat es nämlich esu! De Haupsaach es hee vürre. Un dann hee en der Medde ... Un dann vör allem hee hinge es de Haupsaach. Häs de et no verstande.

Lihrjung: „Jo, Herr Schmitz. Nor ...“

Gesell: Na alsu! Geiht doch! Nä, wie ka'mer su begreffsstutzig sin! Dat wor fröher bei uns ganz anders."

Wie et met däm Heizungsfachmann un singem Adlatus wiggerging, weiß ich nit. Ich ben stell usem Keller erusgeklomme, wobei ich zwei Gedanke hatt: Eetstens brucht ich mer wirklich kein Sorge öm uns Heizung mih ze maache. Se wor en de beste Häng. Un zweitens hatt ich no ne praktische Endrock, wie god et Duale Dingens en Deutschland funktioneet. Un dat es schleeßlich de Haupsaach, vürre, en der Medde un hinge.

Aachunzwanzigster　Oktober

Nommedag. Ich setze am Schrievdesch bei dönnem, gäälem Leech. Ben avgelenk. Irgendwie. Immer widder luure ich noh drusse. Kald es et mer. Drusse nor düster Grau un dumf Bruuse. Der Hervsstorm Christian es üvver mer am Tobe. Fäg krünkeliges Bläddergedöns vun de Bäum, die mih un mih ussinn wie gewaltige Rebbegespenster. Et knacks gruselig em Daachgebälk. Wie wann ne Ries sich op de Panne ze setze versökte. Der Rään klatsch horizontal gäge de Finstere un läuf dann en dönne Striefe de Schieven erav. De gröne Bergische Hüvvelwelle verschwemme hinger Wasserschleiere. Kein Minsch drusse ze sinn. Nor e paar Autos kruffe hinger ehrem funzelige Leech langksam de Stroß elans. Wo blieve Zeidung un Poss? Ov der Possbote och vum Storm fottgedrage woode es? Bei all däm, wat durch de Looch am Fleege es, dät et mich nit wundere.

Wat för ene Dressdag! Mir es flau. Et ärm Dier fängk aan, et sich en minger Siel bequäm ze maache. Ich rappele mich op un schluffe nohm Klaveer, öm ming dröve Stemmung met ener söße Melodie fottzespöle, finge ävver nix an Note, wat passe dät. Friere noch immer. Spüre, dat en Verkäldung am Optrecke es.

Wat dun, för mich opzemuntere? Villleich hilf mer ne Bleck en de Vergangeheit, die jo golde sin soll, wie der Volksmungk säht? Ich klabastere noh däm Schaaf met dä Fotoalbe, griefe wellkürlich ein erus un schlagen et op. E Beld vun mir springk mer en de Auge. Mein Godd! Wie god han ich vör veezig Johr oder su usgesinn! Huh gewahße, met glattem Geseech, ohne Tronesäck, Brell un Plaat. Un wie sinn ich hügg us, wann ich mich morgens beim Raseere nudgedrunge em Speegel beluure? Nor nit drüvver nohdenke! Die golde Vergangeheit pitsch mich ööntlich en de Fott. Wä es dann dat aadige Weech nevve mir, wat ne Ärm öm ming Scholdere gelaht hät? Et kütt mer irgendwie bekannt vör. ... En Fründin? ... En Studiekollegin? ... Dann kumme ich drop. E Weech us de wiggere Verwandtschaff. Vun mingem Vatter ne Cousin un däm sing Doochter. Wie heiß se noch ens ? ... Katharina. Jo, et Kathring. Et es e paar Johr jünger wie ich. ... Es? ... Nit besser „wor"? Denn mir fällt en, dat et ald lang unger der Ääd litt. Op Lihramp hatt et studeet un wor eesch e paar Johr en der Schull zegang. Grad hatt et gehierodt, do trof it ne schwere Scheckisalsschlag. De Döktersch hatte och ne Name för in: Multiple Sklerose. Ich kann mich noch genau erennere, wie dat domols wor.

No es et esu, dat die Krankheit nit bei alle Minsche der gliche Wäg nimmp. Mänchmol schrigg se pielgrad vöraan, es baal am Ziel, wat Dud heiß, un dann widder mäht se eine Ömwäg nohm andere. Mänch eine setz zwor malätzig si Levve lang em Rollstohl, weed ävver steinald. Bei andere klopp dä Kääl met der Sens ald noh e paar Johr an de Dür.

Su och beim Kathring. Zwei Johr soß et em Rollstohl un donoh log et noch kei Johr em Bedd, wie et op et Engk aanging. Singe Mann ging en der Fläg op, soch im jede Wunsch vun de Auge av. Dat dat Kraff koss, es klor. Hä woodt dönner un dönner un wör secher koot nohm Kathring avgedanz, wann im nit dem Kathring sing jüngere Schwester, die Mara heeß un noch unverhierodt tirek nevvenaan em Huus vun de Eldere wonnte, unger de Ärm gegreffe hätt. Beids wähßelte sich Dag un Naach am Krankebedd av. Se arbeidte Hand en Hand, un dat fluppte esu god, dat se sich met Auge verständige kunnte, ohne jet ze sage.

Dann kom, su woodt späder verzallt, dä Ovend em Mai. Drusse präsenteete sich de Nator en fresche Färve. Zaat Grön üvverall. Die Keesch- un Äppelbäum droge wieße Huzziggskleider, un ehre Döff trok durch dat offe Finster en et Krankezemmer. De Ovendsonn üvvergoss alles met Gold. Stell wor et. Nor en Fleeg summte leis, un stell brannte zwei Kääze vör sich hin.

Op eimol rappelt sich die Stervenskranke, die bes dohin, ohne sich ze röhre, dogeläge hät, möhsam em Bedd huh, odemp schwer un käch: „Hollt, ich ... bedd üch, ... der Pastur! ... Ich gläuve, ... et es ... esu ... wigg."

Domet fällt se widder en ehr Kesse zoröck. Dä Sieletrüster kütt – hä weiß jo Bescheid – och tirek un deit, wat ze dun es: Hä salv et Kathring, wie dat bei de Kathole Bruch es, wann eine der Wäg en de iwige Silligkeit aantridd, un fängk ze bedde aan. Dat geiht en Zigg lang su. Op eimol stonn die Auge vun dä Kranke wigg op. Se grief noh der Hand vun ehrer Schwester und säht laut un met klorer Stemm: „Leev Mara, treck mer der Ihring av un steck en dir an der Finger! Pass god op minge Kääl op. Hä es ne Gode. Ich wünsche üch alles Glöck vun der Welt. Der Pastur weed üch jetz sähne." Jeder versteiht, wat se meint. Die Zeremonie läuf av, ohne dat eine widdersprich. Koot drop es et Kathring dud. Et wood nor nüngunzwanzig Johr ald.

Et wor en ungewöhnliche Huhzigg. Gewess! Ävver ovschüns sich Verwandtschaff un Nohberschlück, wie nit anders zo erwaade, laut ov leis de Muul zerresse, woodt et en glöckliche Ih. Die zwei sin noch luuter zesamme un han vier Pänz groß getrocke. Dat äldste es e Weech un heiß Kathring.

Woröm och immer. Mir ging et, wie mer die Story durch der Kopp gegange wor, op eimol besser.

Dat Wööschche

Nä, nä! Wat hät mer met singe Pänz, bes se groß sin, för ene Brasel! Sin se Stubbeditzcher, luusch mer op jede Odemzog un geröd tirektemang en Panik, wann et Feeberthermometer ens nüngundressig Grad aanzeig. En der Kindergaadezigg bes do am Schweiße vör luuter Bammel, ov dat Dötzche us dinger Produktion och god vöraankütt. Bei däm Wibbelstätz ploge dich doch ärge Bedenke. En der Schullzigg häs do am Engk vun jedem Schulljohr Kamasche, dat dinge Sprössling – dä fuule Fetz – nit versetz weed. Die Reifepröfung kütt der Johr för Johr wie ne huhe Birg vör, dä eintlich dä Fant schaffe muss, dä dir ävver op der Bruss litt. Un dann geiht et met dä Koppping eets richtig loss. Wat weed dat Weech? Hät et ne aangemesse Ömgang? Kütt och nix an it draan? Schaff et dä Sprung en et Levve? Fingk et dä richtige Kääl? Un esu.

Häs de mih Pänz, verdubbele un verdreifache sich ding Sorge. Se färve ding Hoor gries. Do häs mänchmol dä Endrock, die Blage däte dich fröher als wie nüdig unger de Ääd bränge. Su altereere un ärgere se dich. Doch su jeckig et och es, genau dat Gägedeil es der Fall: Do blievs jung dobei. Dat es – schingks – dä Luhn, dä de Nator avdröck, weil dat do för ander Lück Rent sorgs. Ävver ganz ihrlich! Do häs och vill Spass dobei.

Am Engk gonn die Puute op de Dressig aan, un do meins, no wör Rauh em Karton, ein för alle Mol. Doch do häs dich fies en der Finger geschnedde. Op eimol un ih, dat do dich versühs, sin nämlich de Enkel do. Un dat Spill geiht vun vürre los. Secher! Dä Avstand zo inne es e bessche größer. Do häs se jo nit selvs gemaht. Doch jeder neue Dotz beaansproch un kritt ne Platz en dingem Hätz. Wann der ens dä Gedanke durch der Geheenskaste schüüß, et künnt eine vun denne verunglöcke, kanns do vör Nud kaum odeme. Wat wör met der eets, wann wirklich jet passeere dät? Ding Hoor färv sich wieß. Widder häs do mänchmol der Endrock, die Pänz däte dich fröher als wie nüdig unger de Ääd bränge. Ävver su jeckig et och es, genau dat Gägedeil passeet: Do blievs trotz däm Brasel jung, un de Lück staune, wie god do dich gehalde häs. Un ganz ihrlich! Do häs Spass zebaschte dobei. Mänchmol künns do dich sugar kapodd-laache, wann de nit die Angs hätts, dann dud ze sin.

Dis Dag hät ein vun uns Döchter ein vun ehrer Puselcher – su an die zweienhalv Johr ald – för e paar Däg bei uns gepark. Mer gläuv nit, wat su e klein Madämche för en große Wirkung hät. Vun jetz op glich wor unse ganze Dag su ömgekrempelt, dat mer sing eige Levve nit mih widderfinge kunnt un dat Huus om Kopp stundt. Ald fröh morgens fing dat Spill aan. Usschlofe wor nit mih. Kaum hatt dä eetste Vugel singe Morge-Pieps vun sich gegovve, woodte mer durch e Kitzele an de Föß us däm Schlof geresse. Wie dat Klein op et Bett gekrabbelt kom, wor die Kess – eintlich för drei staatse Lück groß genog – op eimol vill ze eng.

Hügg moot ich sugar de Bruus met däm Püütche deile. Wie ich mich am avdrüge wor, saht et plötzlich: „Würstchen. E Würstchen." Ich drop: „Jo, zom Fröhstöck kriss do ding Wööschche." Mer hatte zwor kei Wöösch mih em Huus. Ävver för dat Klein fahre ich vör däm Fröhstöck Woosch kaufe. Sugar noh Kölle, wann et sin muss. Widder saht et: „Würstchen. Da ... ein Würstchen." Ich verbasert drop: „Wo es dat Wööschche?" Do zeigte et op minge kleine Fründ un meinte: „Da ... ein Würstchen." Puus. Drop: „Papa auch ein Würstchen." Puus. „Tias auch. Pipi macht. So weit!" Et breidte sing Ärm us un zeigte mer met äänsem Geseech, en wat för nem Boge si Bröderche, dat Pannestätzche vun sechs Mond, de Weckel-kommod wässere kunnt. Puus. Drop laht et dä Zeigefinger op sing Bruss un saht: „Aber Sanna nit." Jetz wor ich opgeklärt. No woss ich, wat e Wööschche wor un wä ein hatt un wä kein. Vun wäge e Wööschche zom Fröhstöck!

Wie ich stell en mich eren am Griemele wor, feel mer op eimol en, wie ich selver als krottige Panz et eetste Mol op ne Drohtesel geklomme ben. Et wor koot nohm Kreeg. Domols kunnt sich keine e neu Radd leiste. Villleich gov et och kei. Rädder för Kinder sochs de eets gar nit. Glöck hatt, wä noch ne fahrbare Öngersatz us der Vörkreegszigg si eige nenne durf. Ich muss su an de sechs Johr gewäs sin un sinn et noch, als wör et hügg. Ne herrliche Sonnenommedag em Sommer. Grad wor Tant Trautchen bei uns zo Besök aangeruusch gekumme. Mem Radd. Op däm soch se luuter wie en Bunnestang op enem Pääd us.

Dat Radd steiht no am Huus, tirek nevven der Huusdür. Avgeschlosse hät se et nit. Wie unvörsichtig en de domolige Zigg! Ävver wat för ene Glöcksfall för mich, denk ich. Ganz höösch luure ich öm de Huuseck, ov keine en der Nöhde es, schnappe mer dä Esel un däue in dä kleine Hüvvel hinger unsem Huus erop. Kein eifacher Aufgab. Dat Dameradd hät ne solide Ieserrahme, ne Saddel, dä och op ne Päädsrögge gepass, un Riefe, die ner Päädskaar god gestande hätte.

Dä Hüvvel erav, denk ich, künnt ich wall em eeschte Aangang schaffe. Ich kumme och god op dä Bock un en Schwung. Ävver noh zehn Meter es dä Bock e Geschoss woode, un ich finge die Brems zo späd. Et kütt, wie et kumme muss: Mir zwei titsche met Karacho gäge de Huuswand.

Wie ich widder zo mer kumme, litt dat Radd op der Ääd un ich drunger. Üvver mingem Kopp drihe sich met enem Surre, als wöre Wespe en enem Glas engesperrt, de Speiche. Met nem Kühm rappele ich mich huh un ungersöke eets ens Tant Trautchen ehre Stolz. Nix schingk kapodd ze sin. Gottseidank, denk ich. Och et Huus hät nix avkräge. Gottseidank, denk ich.

Als ich ävver höösch, ohne eine ze sin, dat Radd widder an de Huusdür stelle, spöre ich ne ärge Schmätz em Ungerlief. Su heiß, dat ich mich wie ne Wurm krömme muss un et noch nit ens hilf, de Zäng zesammeze- bieße. Met Trone en de Auge kreeche ich en et Huus. Ming Mamm, die met Tant Trautche gemödlich en der Köch Muckefuck am Enhaleere es, lööt ene Bröll un schläht de Häng üvverm Kopp zosamme.

Op ehr „Wat es passeet? Wat häs de gemaht? Wä hät der jet gedon?" sage ich, wie us der Pistol geschosse, ävver e bessche lans der Wohrheit vorbei: „Ich ben vun nem Baum gefalle, jo, un ne Ass hät et op minge Buch avgesinn gehatt." Ich han zwor de Brems vum Radd nit rächziggig finge künne, ävver en Antwood glich parat. E Zeiche, dat minge Dätz dä Stooz god verdaut hät.

Nohdäm se mer de Botz eravgetrocke han, künne mer et sinn: De Öngerbotz es ganz voll vun Blod. Dat schingk ald an un för sich en Katastroph för allebeids ze bedügge. Wie se ävver sinn, dat dat Blod us ner große Fünf op mingem Schniedelwutz kütt, fängk ming Mamm ze lamenteere aan. Un Tant Trautchen stemmp en dat Gejöömer met en, wat e infernalisch Duett gitt.

Vun däm Gööze aangetrocke steiht op eimol och et Els, de Nohberin vun gägenüvver, en der Stuvv. Et brängk, als hätt et dä sibbte Senn, en Fläsch met sugenannter Essigsaurer Tonerde met un weiß och glich, wat ze dun es. Se schödde dat Zeug en ne Kump, en dä söns bei uns de Äädäppele opgedesch weede, un läge minge Schnibbel do eren. Hä süht ungeloge wie e Wööschche us. Wie e Wööschche en ner rusa Zaus. Vier Köpp – minge metgerechnet – beuge sich üvver dä Pott un beobachte, wie dat Wööschche schwemme liert. Wat Fesch vun Nator us künne, müsse Wöösch – schingks – eets liere. Ich hätt dat Spill secher genosse, wann et nit ming Wööschche gewäs wör, wat su höllisch gebrannt hät.

Do fällt mer dä Sproch vun der Mamm widder en: „Wat för e Onglöck! Wann dä Jong nor nix zoröckbehäld!" Wozo die zwei andere Wiever ääns un su ärg mem Kopp nicke, dat dä Schwemmer en singem Pott en Sienud geröd. Domols wor mer dä Sproch e Rödsel. Späder es hä wall en ming Ungerbewosssein avgetauch. Wat och egal wor. Dann, wie mer an de Enkel süht, han ich nix zoröckbehalde. Ming Wööschche hät perfek funktioneet. Sugar die Essigtunk, die mer eintlich zom Beize vun Ledder bruch, hät im nit geschadt. Raddfahre han ich schleßlich och noch geliert: unger der Stang vun nem Häärefahrradd.

Feuerwehrauto

Dis Dag wor der Neres am Apparat. Ovschüns e ne Cousin vun mer es un ich in god verknuse kann, ha'mer selde Kontak. Et moot jet Wichtiges sin, wat e mer verzappe wollt. „Weiß de, wat passeet es?", feel e och glich met der Dür en et Huus. Un ohne ming „Wat dann?" avzewaade, reef e: „Der Manes es dud! Dud, versteihs de! Der Manes!"

Dat der Manes dud wor, verstundt ich. Ävver wat för ene Manes? Ich kroste en mingem Geheensschaaf, un erus komen e paar Manesse. Wat för ene Manes meinte hä no? Hä interpreteete die lang Puus richtig. „Der Manes, der Cousin vun uns; erinners de dich nit an dä? Dä Schringer un Möbelmächer!", holf e mer op de Sprüng.

Och! Dä Manes! Dä hatt ich ald en Iwigkeit nit mih gesinn. Ich moot ene Augebleck nohdenke. Dann tauchte vör mingem geistigen Aug ne meddelgroße Kääl met stupper Figur, gekrümmtem Rögge un breidem, spronzeligem Geseech op, in däm de Schnüss vun einem Uhr bes an et andere ging. Dat soch us, wie wann e luuter am Laache wör. Op däm schwatze Hoor drog e immer en Schlägerkapp, die deef en singer Steen hing. Selde maht e der Mungk op. Un wann, dann kunnt mer in kaum verstonn. Su nuschelte hä. Nä, en Schönheit wor e nit, der Manes. Kei Wunder alsu, dat de Fraulück nit op in aangesprunge wore. Un ich kunnt och nit sage, dat mich singe Dud vum Sessel ress.

Et kunnt ävver och sin, dat dat met de Fraulück noch andere Ursaache hatt. Hä wor dat einzige Kind em Huus. Sing Eldere hatten et lang drop aangelaht, e Jüppche aanzesetze. Ävver eets wor inne der Kreeg dozweschegekumme un dann dät et nit fluppe. Villeich log et dodraan, dat dem Vatter en der Gefangeschaff en Sibirie de Potenz fleute gegange wor.

Wie och immer, op eimol wor der Manes dann doch do. Un wie dat en su nem Fall öfterisch es: De Moder dät en vum eetste Dag aan wie ehre Augappel höde un leet en, sulang se lävte, nit loss. Se storv, wie der Manes ald de Veezig hinger sich geloße hatt.

Wie e an sing Schrabbigkeit gekumme es, weiß ich nit. Villleich wor se aangebore. Dann ald als ene kleine Panz kunnt e op nix, wat e hatt, verzichte. Un e hatt alles. Dat log secher och dodraan, dat sing Eldere en große Booreweetschaff bedrevve un met de Stadtlück, die nohm Kreeg üvver Land troke un hamstere kome, god Geschäfte mahte.

Op eimol kom mer dat staatse Feuerwehrauto en der Senn, wat e hatt. Wa'mer dat opdrihte, fohr et nit nor, et leet och noch en Siren hüüle un Funke fleege. Alsu en minge Kinderauge e Wunderwerk. Ich muss su vier ov fünf Johr ald gewäs sin, do besökte mer ens sing Famillich. Et wor ne Sommerdag. Ich erennere mich, dat der Manes breid wie en decke Höppekrad em Sandkaste soß, als mer aankome. Hä schung nit met singem Krom ze spille, sondern in zo bewache Vun däm Sand kunnt mer nit vill sinn, weil üvverall Spillzeug log.

Wie die Große sich no en de sugenannte God Stuvv vertroke, dötzte ich fruh op der Sandkaste aan, dä mer wie et Paradies vörkom. Dat Feuerwehrauto stoch mer besonders en et Aug. Jet genant frogte ich der Manes, ov e mer dat ens liehne künnt. Ohne e Wood driehte hä et op, leet et erömjöcke, grapschte dann donoh un heeldt et fass an sing Bruss gepress. Dat wor ganz klor e „nä". Su och bei allem andere, wat ich mer ens nöhter besinn wollt.

Als e mer ävver dobei ens met nem Stock op de Finger schlog, ben ich wödig woode. Ich packte in, ovschüns e jet älder wor wie ich, un schleifte in samp Feuerwehrauto op dat große Rähnfaaß aan, wat tirek nevven der Hüüsdür vun singem Elderhuus stundt. Dat wor bes bovve voll. Do zoppte ich in – ich weiß et noch wie hügg – mem Kopp vöraan eren. Secher wör e avgesoffe, wann nit sing Moder – durch sing Gebölk alarmeet – an der Huusdür erusgeloot hätt. Dat Spill sinn, ne Bröll loße, mich fottstüsse un der Manes us der Tonn trecke, wor eins. Se han sich an et

Reanimeere gegovve. Noh kooter Zigg fing e och widder aan ze odeme. Un ich? Ich han dat Feuerwehrauto och do nit en de Fingere kräge, doför ävver vun minger Moder ne Balg Wachs kasseet.

Donoh ha'mer uns nor selde gesinn. Zoletz, wie e ald op de Dressig aanging. Do trof ich in zofällig op nem Kirmesmaat. Mer han nor koot de Schnüss geschwaadt. Op ming Frog, ov hä verhierodt wör oder winnigstens en Fründin hätt, saht e „nä", verhierodt wör e nit, üvverhaup wör im e Frauminsch ze düür. Un ußerdäm dät sing Moder et nit gään han, wann e met nem Wiev aanköm. Et dät in suwiesu nor usnötze. Dat es su an de veezig Johr her, un gehierodt hät e och nohm Dud vun singer Moder nit.

En ming Gedanke mengte sich widder de Stemm vum Neres: „ ... No es e gestorve, dä ärme Höösch. ... Wie et em Krankehuus heeß, jih un unerwaadt. Hätzschlag, han se gesaht. Potschtig wör e ömgefalle. Ävver hä hät e Testament hingerloße ... un – stell der vör, et es kaum ze gläuve – si ganz Vermöge uns hingerloße, dat heisch, singe Cousins un Kusine. Ich han ald gezallt. Mer sin erer zwor zehn. Doch dat es egal. Et es jo genog do. Mer erve dä ganze Boorehoff un ene Rötsch Hüüser, die e gebaut hät. Dozo Bargeld op e paar Konte. Si ganz Levve hät e op singem Geld gesesse. Wä hätt bei däm singer Kniestigkeit gedaach, dat mir ens an sing Nüsele kumme! Mer künne uns also freue un ald ene Sek opmaache." Su wigg dä Kall vum Neres.

Gestere hät no der Notar dat Testament verlese. För jede vun uns es, wie der Neres ald vermodt hät, ööntlich jet dobei erusgesprunge. Un ich han noch ene Zoschlag kräge. E Kinderspillzeug, nämlich e Feuerwehrauto. De Verwandtschaff hät mich natörlich neugierig gefrog, wat dat dann bedügge sollt. Ich wor su verbasert, dat ich nix sage kunnt. De ganze Naach han ich waach geläge un üvver zwei Saache prakeseet. Eetstens, wat der Manes gedrevve hät, sing Kniestigkeit opzegevve un uns all en singem Testament zo bedenke. Un dann vör allem: Wat hät e sich dobei gedaach, mir dat Feuerwehrauto us der Kinderzigg ze schenke, wat ich lang vergesse hatt. Ich weiß et och jetz noch nit, ben ävver gespannt, ov de Siren vun däm Auto noh su langer Zigg noch funktioneet.

Ävver et geiht nix
üvver e schön Esszemmer

Neulich kome mer en minger Stammkneip „Zom löstige Kalledresser"
op eimol op de Zäng ze spreche. Aanlass wore wall de Zantping vum
Köbes, die hä met Kölsch ze bekämfe versökte. Der Köbes es fröhter ne
Baum vun Kääl gewäs. No hät in ävver et Alder zo nem Hutzelmännche
met zig Maleste zesammeschrumpele loße. „Jetz han ich ald en künsliche
Hüff un zwei neue Knee", käächte hä un heeldt sich die wih Back. „Un
noch immer hüre de Schmätze nit op. Immer deit mer jet wih, immer es
jet an mingem Body ze repareere. Ich kumme mer baal wie der Kölner
Dom vör, dä mer nie ohne e Gerüss süht. Jetz sin et de Zäng. Ich gläuv,
ich loße mer die paar, die ich noch han, erusrieße un e künslich Totalge-
bess enbaue. Dann han ich an dä Eck winnigstens Rauh."

Natörlich beduurte mer all der Köbes un sproche im Mod zo. Ävver e
künslich Gebess, wat naachs nevve dem Bedd op der Kommod litt un
eine wie der Dud aangrins, wa'mer us enem Draum ens huh schreck, wor
för de mieste vun uns doch en Horrorvision.

Un wie dat bei nem interessante Thema su es, dem Weet feel müngches-
moß och glich en Story en, en dä e künslich Gebess de Hauproll spillte.
„Alsu", fing e singe Verzäll aan, „et muss en dä ärm Zigg nohm Weltkreeg
gewäs sin, do deilte sich zwei Bröder ei Gebess. Hügg ka'mer sich su jet
gar nit mih vörstelle. Ävver su wor dat domols. Mer hatt nix un deilte
sich dat och noch. Se kome god domet zorääch; denn et gov winnig ze
bieße, un vill unger ander Lück kome se och nit.

Eines Dags woodte se beids zo ner Huhzigg engelade. No hatte se e
Problem. Se hätte sich natörlich beim Esse met däm Gebess avwähßele
künne. Ävver wie hätt dat usgesinn, wann luuter eine vun inne vör all dä
junge Lück ohne Zäng erömstolzeet wör. Su knobelte se, wä gonn durf.
Su wigg, su god. Wie no dä Gewenner vun der Fier widder noh Hus kom,
wollt singe Broder direktemang dat Gebess han, op dat hä ne ganze

Nommedag hatt verzichte müsse. Hä daut et sich och glich en de Schnüss, lötschte jet met der Zung an dä Zäng eröm un meinte dann: „Hmm … dat wor der ävver en aadige Fier … hmm … et hät Botterkrämtaat gegovve, oder … hmm … met gode Botter un Schokelad, … hmm … wirklich god … donoh Gabeko … hmm …. es der ävver nit god bekumme. … Oder?"

Mer han all hätzlich gelaach. Sugar der Köbes vertrok et Geseech zo nem Grinse, schnedt ävver glich drop en Grimass, weil in singe wihe Zant dodraan erennerte, dat et Levve en äänse Saach es.

Do feel dem Fränz die Story vun singem Pattühm Bäätes us Ohßedörp en. „Jo, der Bäätes", laht hä loss, „Godd hät in sillig! Dä hät eines Ovends e paar Kölsch ze vill durch de Drankgass geschodt. Am fröhe Morge es e dann op Heim aan un dobei mih gekroche wie gegange. Wie e no em Huus en dä schwöle Stuvvemief entauch, weed et im op eimol dudschlääch. Hä schaff et grad noch bes nohm Klopott, do fleege im de Bröckelcher och ald usem Geseech. Sich erleichtere un avtrecke es eins för in. Donoh krüff e en et Bedd un schlöf singe Ruusch us.

Wie e meddags drop am Fröhstöcksdesch optauch, mustert in sing Billa vun bovve bes ungen. Ohne e Wood. Ävver der Öschel ka'mer im aansinn. Doch op eimol röf et verbasert: „Bäätes, ich weiß nit, wat met der es. Wat häs de? Do sühs op eimol wie ne aale, malade Kääl us. Wat häs de gemaht?" Drop der Bäätes: „Dat es mer och ald opgefalle, wie ich beim Raseere en der Speegel geloot han. Ich han mich vör mer selver verschreck. Ußerdäm fällt mer hügg et Käue verdammp schwer. Ich gläuv …" „Dat es et", ungerbrich et Billa in. „Wo häs de dann ding Esszemmer geloße?"

Verplex taas der Bäätes singe Mungk av. Noh ner Wiel, en dä mer süht, wie et en singem Geheenskaste am Arbeide es, steiht e stell vum Köchedesch op, kros sing äldste Arbeidsklamotte erus, steig en sing aale Gaadestivvele, mäht der Verschlag vun der Dresskuul unger dem Klo op – ne Kanal gov et en Ohßedörp domols noch nit – un klimmp en die Messkuhl. Goddseidank es se dags zevör usgefahre woode. Un ungeloge. Noh e paar Minutte hät e si Esszemmer en der Sod widdergefunge. Dat e sich nit selver vergas hät, es ner Gasmask us dem 1. Weltkreeg zo verdanke, die im singe Vatter vererv hatt."

„Un … hät e dat Gebess wirklich widder gedrage?", frogte mer un schöddelte uns. „Dat ka'mer doch gar nit. Kritt mer dä Dress och erus, bliev doch der Möff hange." „Do kennt ehr ävver et Billa schlääch", reef der Fränz. „Zoeets hät et singe Bäätes en de Badebüdd gestopp, wo e der ganze Nommedag setze un sich schrubbe moot. Un et Gebess woodt ne Dag lang en Seifelaug engeweich, ih dat et widder de Schnüss vum Bäätes geschmöck hät.

Wie alles widder en Oodenung wor un e donoh en singer Stammkneip opgelaufe es, han se in op et Ärmche genomme un gefrog, ov im der Seifeschuum nit vörm Mungk stündt, wann e jet drinke dät. Der Bäätes hätt, wie se verzälle, nor stell gegriemelt. Hä hatt jo si Esszemmer ohne vill Möh un Koste widdergefunge. Dat wor för in de Haupsaach. Jedefalls wor im dat en Lihr. Wann hä späder ens Bröckelcher laache moot, braht e luuter eets si Gebess en Secherheit, ih dat e der Avzog trecke dät."

Komisch, wie dat su geiht. Op eimol feel mer dat Gebess vun minger Groß en. Se wor op nem decke Boorehoff zo Hus. Wä ehr dat Esszemmer om Dudebedd us der Schnüss genomme hät, weiß ich nit. Och nit, woröm. Keiner hät et donoh gedrage. Ävver bei uns es et gelandt un hät, wie ich noch ne ganz kleine Knagges wor, ne Ihreplatz zwesche de Sammeltasse em Wonnzemmerschaaf gehatt. Do han ich mer et immer widder beluurt un et eetste Mol en mingem Levve üvver et Alder simeleet un, wat dodraan hängk.

Doch eines Dags wor dat Zentrum vun minge jugendliche Meditatione fott. Widdergefunge hät et de Mamm op ehrem Gebootsdag, wie se de Botterkrämtaat am Aanschnigge wor. Wie sich späder erusstallt, hatt minge Ühm Aloisius, ne Schnieder un richtige Nixnotz dozo, et us Jux un Dollerei als Krun op die Taat gesatz, för de Mamm zo verschrecke.

Bei de Sammeltasse kom et nit mih, doför landete et ävver em Besteckkaste bei Löffele, Metzer un Gaffele. Sing nöchste Station wor der

Mamm ehr Knoppkessche. Dat han mir Pänz uns immer steekum zom Spille gemops, un dat Gebess kunnte mer dobei god bruche. Woför? Natörlich för Knöpp ze flitsche. Dat Spill leef su: Wä dä Knopp am wiggste flitsche kunnt, hatt gewonne. Dat ging su lang, bes de Mamm uns eines Dags bei däm Spill erwischte. „Dat es doch nit mügelich" reef se wöödig, „spille die Pänz verhaftig met der Oma. Sid ehr eintlich jeck? Su kritt die doch nie Rauh em Grav." Un fott wor der Groß ehr Esszemmer.

Ich weiß nit, wat de Mamm domet gemaht hät. Villleich hät se et einem geschenk, dä et wirklich bruche kunnt, villleich hät se et ävver och höösch em Grav vun der Groß versenk, för dat die sich am Jüngste Dag ööntlich präsenteere kann. Gesinn han ich et jedefalls nie widder. Schad dröm! Ich dät noch hügg gään ens ne Knopp flitsche.

Dat wor et  dann

Jo, et es su en Saach met de Liebschafte. Mänch ein es ärg romantisch un hät, wann et richtig funk, e happy end, wat eine en der siebente Himmel hivv. En ander es nor interessant, doch preckelt se em Buch un mäht et Hätz fruh un wärm. Et gitt erer ävver och Pussasche, die e soor Engk han un eine verzwiefele looße. Mer es bedröppelt un bedröv, weil der Liebesgodd Amor bei däm, dä mer su aanbäd un met däm mer der Ress vum Levve verbränge well, donevve schüüß oder ene andere Dress verzapp. Kootöm, wie dat usgeiht, wa'mer sich verknallt, steiht en de Stääne. Dodraan hät sich zick Minschegedenke nix geändert. Dat weed och noch su sin, wa'mer längs als Komposs de Äädäppel dünge.

Nüngsehnhundertsechsig. Et gitt erer Lück, die met däm Johr nix aanfange künne. Die ein, weil se do noch nit gebore wore. Die andere, weil se sich nit mih erennere. För die hee e paar mih ov winniger wichtige Informatione. Nüngsehnhundertsechsig scheckte aachzehn Koloniee om schwatze Kontinent ehr wieße Hääre nohm Düüvel. Rom fierte singe zweidausendsibbehundertundrücksehnte Gebootsdag, un en der Schweiz durfte de Fraue et eetste Mol wähle. Die Amis mahte der Kennedy zom Präsident, un der Piccard tauchte elfdausend Meter deef. De Antibabypill kom op der Maat, un en Hamburg trote de Beatles et eetste Mol op.

Alsu nüngsehnhundertsechsig. Mer sin en de Bergische Berg. Der Bus wor et, dä der Wermelskirchens Lukas jede Dag nohm Gymnasium braht. Zehn Killometer, vun O... noh Schäbbig Gläbbich, der Pooz noh de Bergische Berg, wie de Gläbbicher stolz behaupte. Hä wor aachzehn un stundt koot vörm Abitur. Ne staatse Poosch, god gewahße, met blaue Auge un nem wuschelige blonde Lockekopp. En Sportskanon un zoglich

Klasseprimus. Kootöm dat, wat Mütter sich för ehr Dööchter wünsche. Woröm e su äänshaff, stell un verschwege, jo, genant un beinoh verschamp wor, kunnt e selvs nit sage. Secher hatte sing Gene domet ze dun. Villleich log et ävver och dodraan, dat de mieste vun singe Klassekamerade met sechsehn en de Danzschull gegange wore, woför sing Eldere kei Geld opbränge kunnte. Hä hatt suzesage der Aanschluss verpass un woodt och nit op die Danzparties engelade, op denne sich Pooschte un Weechter zickdäm nöhterkome.

Eintlich hatt e sich besher och nit vill för de Rockdrägerinne interesseet. Hä hatt zovill met der Schull, vör allem ävver met singem Sport ze dun. Laufe, Springe, Werfe, dat wor sing Welt. Hä wor Zehnkämfer. Dreimol en der Woch dat Training beim ASV en Kölle un dann die Wettkämpf am Wocheengk leeßen im winnig Freizigg. Si Levve leef in faaste Gleise, alles wor zemlich reglementeet.

Dann, us heiterem Himmel, schlog der Bletz bei im en un worf in us der Bahn, emotional gesinn. Hä soch et beim Ensteige en de Bus. Dat Weech moot neu sin. Winnigstens wor et im noch nie vörher opgefalle. Wow! Wat för ene Schoss! Pechschwatzes Hoor, hinge en nem Päädsstätz zesammegebunge, dä bei jedem Schredd erop un erav wippte. Dunkelblaue Auge, die wie Stääne strohlte. En sagenhafte Figur, die die spacke, knallrude Cordbotz noch betonte. Wieße Steppjack un huh Stivvelette kompletteete dat Beld vun ner Göddin. Wow! Dat Ganze kom im wie en Fata Morgana vör. För ene Augebleck schloss hä sing Auge, för sich zo üvverzeuge, dat dat Weech wirklich existeete. Wie hä se widder opmaht, ruuschte et grad an singem Platz vorbei. Selvsbewoss, der Kopp stolz en der Nacke geworfe. Widder schloss e die Auge, trok de Luff en un schnüffelte wie ne Hungk hinger im her. Der söße Döff hovv in en der Himmel.

Vun do an gov et nit nor zwei, sondern drei Saache, die sing Levve bestemmte, de Schull, der Sport un et Franzi, wie dat Weech heeß. Franzi Beimer, e „B" met enem Eimer dohinger, wie et sich selver met nem löstige Laache immer vörstelle dät. Vun do an steeg hä do en, wo dat Weech en der Bus ensteeg. Egal, wat dat och för ene Ömwäg för in bedügge moot. Dat Ussteige wor kei Problem, weil et dat Schruuvelager, wie dat Lyzeum bei de Pooschte heeß, besökte, wat em selve Bau wie si Gymnasium ungergebraht wor. Och de Ungerrechsplän passte god zesamme, su dat e luuter em selve Bus wie it fahre kunnt. It bemerkte in nit. Winnigstens schung et esu. Un hä traute sich nit, die kesse Bien aanzespreche, die immer vun nem Schwarm vun Pooschte ömschwärmb wor un der löstige Meddelpunk ze sin schung.

Su blevv dat och, bes, jo bes de Karnevalsdäg kome. Zofällig hoot e, wie et em Bus e paar Fründinne verzallt, dat et Wieverfastelovend en der Weetschaff „Am Bock" – do göv et ne Ball – höppe un fiere wollt. Ovschüns hä met der Danzerei besher nix am Hot gehatt hatt, beschloss e, an däm Dag „Am Bock" opzetauche. Hoffnung hatt e kein, dat Weech för sich ze gewenne. Ävver hä kunnt im winnigstens noh sin.

Wie nit anders zo erwaade, mahte däm Weech zig staatse Kääls der Hoff. Woröm sollt et grad in ...? Doch mänchmol geiht dat Schecksal ne kuriose Wäg. An däm Ovend drunk e et eetste Mol Bier. Un weil e – Sportler, dä e wor – der Alkohol nit gewennt wor, steeg im dä flöck un gewaltig en der Kopp. Et wor, wie wann sich do en Brems gelös hätt. Op eimol kunnt e löstig sin. Op eimol kunnt e wie ne Weltmeister schwaade. Op eimol kunnt e Wetze rieße un üvver Desch un Bänk springe. Hä fung och der Mod, sing Göddin aanzespreche. Un nit nor dat. Hä hoffeete se wie ne echte Galan, dä en große Erfahrung met Wiever hät. Un sei schenkte im der ganze Ovend. Am Engk durf hä se sugar noh Hus bränge. Sei bedankte sich met enem deefe Kuss. Et wor singe eetste vun dä Aat. Et eetste Bier un ne eetste richtige Kuss! Wat för ene Ovend! Wie e noh Hus gekumme wor, woss e späder nit mih. Dat log villeich am Alkohol un ganz secher dodraan, dat e op Wolk sibbe schwävte.

En der Folgezigg ginge se zesamme, wie dat domols heeß, wa'mer e Paar wor. Se trofe sich heimlich zweimol en der Woch em Rusegaade, der städtische Parkaanlag. Beids kehrte se en ehre Alldag zoröck. Sei blevv, wie se wor, löstig un opgedriht, kess un met der Schnüss luuter vöröp. Hä woodt widder, wat un wie e vörher gewäs wor, äänshaff, stell un verschwege, genant un verschamp. Ävver hä hatt se vun Hätze leev.

Zwei Mond verginge – de Faastezigg wor noch nit eröm – , do verklatüsterte se im, et dät ehr furchbar leid, ävver se mööt im de Fründschaff opkündige. Woröm? Se däte eifach nit zesamme passe. Hä wör su ääns, su deefsinnig, su drüg un dröv, ganz anders wie op Wieverfastelovend, wo se Füür an im gefange hätt. Ne langwielige Fründ ging ehr op de Nerve. Se mööt ne löstige Minsch, met däm se laache künnt un Spass hätt, dä met ehr op Jöck ging, öm sich eröm han. Zom nöchste Treffe köm se nit mih. Noch ne Hauch vun nem Kuss op sing Backe. Dann ging se. Selvsbewuss. Der Kopp stolz en der Nacke geworfe. Dä Päädsstätz wippte bei jedem Schredd erop un erav. Sage kunnt e nix, glotzte nor stomm hinger ehr her. Im wor der Himmel op der Kopp gefalle.

Ävver hä wollt die Trennung nit wohr han. Doröm kom e wie immer zom nöchste Treffe. Do stundt hä no. En geschlage Stund. Allein. Zemlich blass. En singem dönne blaue Sommermäntelche. Un fror sich em kaale Määzwind ne Ass av. Et fing aan ze rähne. Die Droppe leefe im et Geseech erav un vermengeleete sich met singe Trone. Dat wor et dann.

Et Beimers Franzi hät e nie widdergesinn. Irgendwann un irgendwie es e och drüvver fott gekumme. Dat es no ald fuffzig Johr her. Ävver mänchmol em Määz, wann ne Fröhjohrssturm öm et Huus eröm fäg un der Rähn gäge de Finsterschieve platsch, kumme im e Paar blaue Auge un ne schwatze Päädsstätz en der Senn, dä erop un erav wipp.

Selde Wööd
müngchesmoß parat gemaht

A

aadig	schön
ääns	ernst
Ääz	Erbse
aläät	aufgeweckt
ald	schon
Allerhelligstes	hier: Gemächte
altereere	aufregen, ärgern
Appendix	Anhang. Hier: Ehefrau
ärme Höösch	armes Würstchen
avkarwatsche	auspeitschen

B

Balg Wachs kasseere	verprügelt werden
Baselemanes	Verbeugung
Bedd-Angenies	Frömmlerin
Blösche	Tütchen
Blos	Tüte. Hier: Blase
Bölkerei	Brüllerei
Bölles	dicker Kerl, Fettsack
Booregeschräppels	Bauernkleinkram
brödte	brüteten. Von: bröde
broht	brauchte. Von bruche
Bruus	Brause

C

Cicerone	Fremdenführer

D

Damp em Schredd	sexuelle Erregumg
Drankgass öle	viel trinken, saufen
Dresskuul	Kotgrube
Drohtesel	Fahrrad
dröv	trüb, betrübt
drüg	trocken
Dürpel un Angel	Türschwelle und Türangel
Düüvche	Täubchen
Duuveschlag	Taubenschlag

E

Eckschääfche	Buckel
em Ress looße	im Stich lassen
en Brass gerode	in Not geraten
Engemahte	Eingemachtes. Hier: Gemächte
et Schoss erushänge looße	verrückt spielen
expré	ausdrücklich

F

Fääsch	Ferse
Ferke, Firke	Schwein
Fettspektakel	Fettwanst
Fifalder	Schmetterling
flöppe	rauchen
Föösch	Fürst

G

gappe	schwer atmen
genant	schüchtern
gereedt	geriet. Von gerode
geschrömp	schnell gegangen. Von schröme
glöhndig	rot leuchtend
gööze	jammern
Greev	Griebe, Schmalz
Greffel	Griffel. Hier: Finger
Grömmel	Krümel

H

Hääd	Herd. Aber auch: Herde
Hautevolaute	obere Gesellschaftsschicht
hemsche un dremsche	räuspern und hüsteln
Höppekrad	Frosch
Höpperling	Heuschrecke
Hugg	Haut

I

Ies	Eis
Ieser	Eisen
Ihgespons	Ehefrau
Ihgewedder	Ehegewitter
ihter	eher

J

Jusep	Unterrock

K

kääche	keuchen
Kääl met der Sens	Tod
Kallendresser	verrichtet Notdurft in der Regenrinne
Kalverei	Blödsinn, Tollerei
Kaschott	Gefängnis
Katömmelche	Nase
Klör	Farbe
Klütte	Briketts
(Kna)bühs	Gewehr
knage	nagen
Knagges	kleiner Junge
kniggeweiß	kreideweiß
Kofferhoor	Kupferhaar
Kreppche	hier: Geschichte
Krömchesmadam	Geschäftsfrau
krötschig	kränkelnd
Krohlebaselümche	schwarzes Gewand
Küüles	Kopf
kuschelemimmetig	übel

L

Lappekess	Bett
Lieblingsgediers	Lieblingstiere
ligge	leiden
löbbele	saugen
Lömmel	hier: männliches Glied
Looch	Luft
Löör	Laurenz
luuter	immer, lauter, nur

M

malätzig	krank
mallich	jeder
mangs	geschmeidig, weich
Mariage	Heirat
Messkuul	Mistgrube
Möschegirret	Schürzenjäger
mügelich	möglich
muggelig	behaglich, mollig
Murmelbroder	Mönch

N

Nächelsgass	nicht mehr vorhandene Bordellstraße
Nöttelefönes	Nörgler, Querulant
nöttele	nörgeln
nümmes	niemand
Nüüß	Neuss

O

Ööcher	Aachener
Öschel	Ärger
ovschüns	obwohl

P

Placet	Erlaubnis
der Plaggen enschlage	bestürzt sein
Poosch	Bursche
Posteling	Porzellan
potschtig	plötzlich
pröttele	murren

R

Raaf	Raffsucht
Rebbegespenster	Rippengespenster
recke	reichen, genügen
Reeme	Riemen
Regalt	Herrschaft
revv	rieb. Von rieve
Rhingkadette	Gelegenheitsarbeiter
Roches	Wut
Röbekrugg	Rübenkraut
em Rubbedikabess	sofort, im Nu

S

schingks	anscheinend
schlecke	schlucken
Schless	Hunger
Schmätz	Schmerz
Schmiddsfüürche	Lauffeuer
Schnäuzer	legendärer Kölner Schutzmann
schnaue	schnauzen
Schnav	Schlag
Schobbe	Schuppen. Abwertend für: Haus
Schringer	Schreiner
schung	schien. Von schinge
Schwatzrock	Geistlicher
Schwitt	Gefolge
steekum	heimlich
stivvele	zurechtstellen
Stoozstreck	Sturzstrecke
storkig	dünn, dürr
Stubbedizzche	Kleinkind

T

tirvele	wirbeln
tösche	zwischen
Toon	Turm
Träntelbotz	langsamer Mensch
Trottoirschwälvcher	Nutten

124

verbas, verbasert	erschrocken, verlegen
verbleche	verblichen, tot
verkamesöle	verhauen
verkasematuckele	essen, fressen
Vörstüfcher	Vorstufen

Wäul	Gewühl
wall	wohl
wandrosig	fuchsteufelswild
Weech	Mädchen
Winterkeesche	Hämorrhoiden
Wöbche	Jacke, Kleid
wölle Wööd	Schimpfwörter

Z

Zarett	Zigarette
zick	seit
zickdäm	seitdem
Zömmelöm	Schlafmütze
Zung	Zaun